PARITÄT JETZT!

Rita Süssmuth

PARITÄT JETZT!

Wider die Ungleichheit
von Frauen und Männern

Eine Streitschrift

Bibliografische Information der Deutschen Nationalbibliothek
Die Deutsche Nationalbibliothek verzeichnet diese Publikation in
der Deutschen Nationalbibliografie; detaillierte bibliografische
Daten sind im Internet über *http://dnb.dnb.de* abrufbar.

ISBN 978-3-8012-0547-8
[Auch als eBook erhältlich: ISBN 978-3-8012-7040-7]

1. Auflage 2022

Copyright © 2022 by
Verlag J.H.W. Dietz Nachf. GmbH
Dreizehnmorgenweg 24, 53175 Bonn

Umschlag:
Ute Lübbeke | Designbüro Lübbeke Naumann Thoben, Köln
Umschlagfoto: © Stella von Saldern, 2021
Illustration Umschlagrückseite: © Serpentina Hagner
Satz: Rohtext, Bonn
Druck und Verarbeitung: CPI books, Leck

Alle Rechte vorbehalten
Printed in Germany 2022

Besuchen Sie uns im Internet: *www.dietz-verlag.de*

Inhalt

1 Der Planet Erde schlägt um sich – wir alle sind gefordert ... 7

2 Aufbruch und Rückschlag – Alternativen zur Zwietracht der Geschlechter ... 21
   2.1 Der große Weimarer Durchbruch ... 24
   2.2 Rückfall in die Barbarei – die Zeit des Nationalsozialismus ... 32
   2.3 Das Ringen um Gleichberechtigung im Grundgesetz ... 38
   2.4 Die emanzipatorisch-gesellschaftliche Bewegung der Bundesrepublik ... 48
   2.5 EXKURS: »Vom Käfig zum freien Flug« – Der Beitrag der Frauen in Kunst und Kultur ... 53

3 Von der Quote zur Parität – warum jetzt? ... 69

4 Parität im Jahre 2022? Eine Bestandsaufnahme ... 81
   4.1 Gleichberechtigung und Gleichstellung ... 82
   4.2 Zahlen und Fakten ... 86
   4.3 Der Mauerfall: Frauen – befreit und bedrängt ... 94

5	**Wege zur Parität**	99
	5.1 Gleichstellung in der Gesellschaft setzt Parität in der Politik voraus	100
	5.2 Freiwillige Paritätsregelungen durch die Parteien	103
	5.3 Verpflichtende Paritätsregelungen durch den Gesetzgeber	106
	5.4 Mögliche Modelle für unsere Gesellschaft und die Politik	111
6	**Fazit: Fünf Thesen zur Verwirklichung der Parität**	121
	Dank	128

1
Der Planet Erde schlägt um sich – wir alle sind gefordert

Die Erde tobt und bebt und windet sich unter der Last der Menschen, die sie bewohnen – die Folgen heißen unter anderem: Erderwärmung, Dürre und Trockenheit, ein ansteigender Meeresspiegel, Überflutungen, Erdrutsche und Stürme mit rasender Geschwindigkeit. Dies sind beunruhigende Tatbestände.

Ein weiteres abschreckendes Bild gibt der Mensch selbst und direkt ab: Gewalt, Krieg, Hunger und Vertreibung mit unvorstellbaren Vernichtungen von Leben, Natur und Kultur. Die Zahl der Menschen, die weltweit auf der Flucht sind, ist die Höchste seit dem Zweiten Weltkrieg: 70,8 Millionen[1] Alte und Junge, Frauen und Männer, Menschen aller Kulturen und Religionen. Und auch die Corona-Krise und die mit ihr einhergehenden politischen und gesellschaftlichen Konsequenzen sind historisch ohne Vergleich.

All dies bringt unseren Planeten – und uns mit ihm – in die größte Gefahr. Wer bietet der Welt und ihren Geschöpfen Schutz? Wer stellt die Ordnung wie-

---

1   UNHCR (2019): Global Trends Forced Displacement in 2018, <https://www.unhcr.org/globaltrends2018/>.

der her und stoppt das Chaos? Die Götter? Der Schöpfer selbst? Wir Menschen? Es ist höchste Zeit, wir sind gefordert. Sehr viele Junge haben das verstanden, aber auch Ältere, unabhängig von Geschlecht und Herkunft. Überall auf der Welt sind wir Menschen betroffen.

Klima und Umwelt sind aufgrund unseres schonungslosen, egoistischen Verbrauchs nahezu abgewirtschaftet. Und mit »uns« meine ich vor allem: uns in der westlichen Welt. Es wurde viel diskutiert seit den 1970er-Jahren, aber zu wenig oder erst spät gehandelt. Jetzt wird es eng. Es ist nicht mehr fünf vor, sondern fünf nach zwölf.

Gerade die junge Generation mit weiblicher Initiative und Führungskraft lässt uns Politiker nicht mehr schalten und walten, ohne uns auf die Finger zu schauen und uns zu kontrollieren: Jetzt ist es daran zu handeln, bevor es endgültig zu spät ist! Dafür stehen mit beispiellosem Mut die heute 18-jährige Greta Thunberg und ihre Mitstreiterinnen.[2]

*

Dieser Drang zu handeln und die Welt zum Besseren zu verändern, geht von Frauen und Männern gleich welchen Alters aus. Jedoch: Fällt uns nicht auf, dass die weibliche Stimme lauter wird? Dass ihr Weckruf international unüberhörbar wird? Dies ist die Stunde der Frauen. Kein Dornröschenschlaf mehr, kein Abwarten, kein Dulden und Delegieren. Sie packen sichtbar an, suchen das Rettende und die Möglichkeiten konsequen-

---

2 Vgl. Greta Thunberg (2019): Ich will, dass ihr in Panik geratet! Meine Reden zum Klimaschutz. Berlin: Fischer E-Books.

ter, radikaler Veränderung ohne Gewalt – so lange es noch möglich ist. Nicht nur »Fridays for Future« stehen dafür, sondern Millionen Menschen, die jeden Tag für ihre und unsere Zukunft engagiert unterwegs sind.

Warum sage ich »radikal«? Einfach deshalb, weil weniger nicht mehr ausreicht. Zu diesem Radikalsein gehören die Kraft zur Lebensumstellung, alternative Ideen, Haltungen und Zielsetzungen, schöpferische Fantasie. Ein Blick zurück in die Geschichte belegt mit einer Fülle von Beispielen, was gerade Frauen hier in bitterer Not, in größter Bedrängnis und Entmutigung mit ihrer unermüdlichen Tatkraft, ihren praktischen Fähigkeiten und ihrer Bereitschaft zur Hoffnung geleistet haben.

Wie viele neue Zeichen wurden von ihnen gesetzt und Aufgaben gemeistert! In diesem Sinne waren sie oft »radikal«, weil sie nicht aufgehört haben, gegen große Widerstände und inmitten scharfer Konflikte einem Weg zu folgen, der genaues Hinsehen und Zuhören und Verständigung den Vorzug gibt. Und nach dem Scheitern wieder aufzustehen, um weiter zu machen, war ihnen zur zweiten Natur geworden.

*

Ohnmächtig und ohne Ideen sind wir Frauen nie gewesen. Aber im hohen Maße ausgegrenzt von politischen Mandaten und Ämtern, unterschätzt und von Ideologien umstellt. Auch in Europa, das von seiner Namensgeberin her weiblich ist und eigentlich *die* Europa heißen müsste, wurden allzu lange unsere angeblichen Defizite thematisiert: zu emotional, zu wenig Distanz und Sachlichkeit, zu wenig Befähigung für das Politische.

Angeblich. Denn in diesem beschämend falschen Bild fehlt die Beachtung der unersetzlichen Leistungen von Frauen auf allen Gebieten, vor allem in den Bereichen Sorge und Fürsorge, aber ganz besonders in den dunkeln Zeiten, als die Welt durch Kriege in Schutt und Asche gelegt worden war: Da haben Frauen die Gesellschaft am Leben erhalten, wenn die Männer weg waren, und Frauen haben das Land wieder aufgebaut, wenn ihre Männer traumatisiert, verwundet und oft apathisch zurückkehrten.

Berufe im Bereich Gesundheit, Soziales oder Erziehung – die sogenannten Care-Berufe –, vor allem auch in der Pflege sind durch einen hohen Frauenanteil geprägt. 85 Prozent des Pflege- und Betreuungspersonals in Heimen und ambulanten Diensten sind nach der jüngsten Pflegestatistik (2019) weiblich. 68 Prozent der Frauen in der Altenpflege arbeiteten in Teilzeit. Betrachtet man die Erwerbstätigen insgesamt, so verschärft sich das Bild: Nach Ergebnissen des Mikrozensus lag die Teilzeitquote über alle Wirtschaftsbereiche hinweg im Jahr 2019 bei 29 Prozent. Bei Frauen betrug sie 48 Prozent, bei Männern 12 Prozent.[3]

*

Das Corona-Virus und seine ökonomischen Folgen treffen uns alle. Besonders bitter bekommen es aber diejenigen zu spüren, die bis heute aufgrund von Teilzeit und geringerem Verdienst vorbelastet sind – die Frau-

---

3 Statistisches Bundesamt (2021): Altenpflegekräfte arbeiten sehr häufig in Teilzeit, <https://www.destatis.de/DE/Presse/Pressemitteilungen/2021/12/PD21_N068_2313.html>.

en. Wir sind nicht im Aufstieg zu einer paritätischeren Welt, sondern, mehr denn je, im Abstieg begriffen, weg von ihr. Eine um sich greifende Verunsicherung mit zwei ganz unterschiedlichen Ausrichtungen zeichnet sich ab:

Die Tendenz Nummer eins: weg vom Globalen hin zum Nationalen und Nationalistischen, zurück in die Vergangenheit mit nationalen Allianzen zur eigenen Absicherung, Abwehr von Flüchtlingen, weg von interkulturellen Einflüssen, Aufbau von Fremd- und Feindhaltungen, Ausgrenzung und Diffamierungen.

Die Tendenz Nummer zwei: die Rettung des Planeten Erde, verschärfter Umweltschutz, neues friedfertiges und kooperatives Denken und Verhalten – lokal, national und international. Diese Entwicklung wird sichtbar in der gegenwärtigen Avantgarde für die Zukunft, in der jungen Generation mit radikalen Zielen und Erwartungen an eine Veränderung der Lebensverhältnisse und individuellen Verhaltensweisen. Eine der weltweiten Anführerinnen ist die genannte Greta Thunberg. Doch sie rüttelt nicht nur andere auf mit ihren Unterstützer*innen, sie tut viel mehr, arbeitet praktisch und wirkt politisch, so jung sie ist. Sie besteht auf dem »Jetzt« ohne Verzug, in Europa und der Welt.[4]

Aber ist es überhaupt möglich, das bisherige Denken und Handeln ohne schrittweise Kompromisse durch radikale Vereinbarungen zu erreichen? Gegner dieser

---

4 Vgl. Klaus Hurrelmann/Simon Schnetzer (2021): JUGEND 2021. Pandemie, Protest, Partizipation, in: APuZ 38-39/2021, Jugend und Protest, Bonn, S. 4-17.

Gangart arbeiten mit schwerwiegenden Zweifeln und Argumenten gegen zu viel Eile. Die beobachtbaren Indikatoren verstärken die berechtigten Forderungen nach einem schnellen und weltweit getätigten Klimaschutz. Das Problem ist komplex, greift tief in selbstverständlich gewordenes Handeln, in unsere gewohnte Lebenswelt ein und fordert nachhaltige Lösungsansätze, die uns oft befremden.

Wurde etwas erreicht? Die zukunftsentscheidenden Fragen sind auf dem Tisch und werden nicht länger verdrängt, immerhin. Sie betreffen alle, erfordern Zusammenarbeit, Gemeinsinn von vielen, alternative Antworten. Sie verlangen Tempo und einen langen Atem, um ihre Tauglichkeit und internationale Wirksamkeit zu prüfen und unter Beweis zu stellen. Verzagtheit und Bequemlichkeit stehen uns oft im Weg, wenn wir neues Wissen und Erfahrungen sammeln.

*

Aber was uns gegenwärtig umtreibt ist breiter angelegt als die Klimakatastrophe und Corona. Es betrifft unseren Zustand als Gesellschaft, unser Lebensgefühl und unser Lebensverständnis mit neuen Verunsicherungen. Das Vertrauen in die Zukunft ist keine Selbstverständlichkeit mehr. Die menschliche Allmacht zeigt Risse, sieht sich plötzlich überrascht einer drängenden Fragwürdigkeit ausgesetzt. Das Selbstverständliche ist nicht mehr selbstverständlich. Eine erste Reaktion darauf hieß: »Das dauert nicht lange an. Die alte Normalität kehrt bald wieder!« Nun sind wir schon im dritten Jahr der Corona-Krise. Sie hält noch immer an. Und sie schlägt um in schlechte Stimmung, Aggressivität und Ratlosigkeit.

Gleichzeitig wachsen Reform- und Innovationsideen im Umgang mit Energie, Ernährung, Wohnungsbau und Wohngestaltung quer durch die Generationen. In vielen Kommunen erleben wir gegenwärtig mehr Lust auf Verantwortung statt Resignation. Das trifft für städtische und ländliche Regionen zu. Es fällt auf: Wohlfühlen in der Stadt hängt nicht mehr einseitig von Läden und Einkaufspassagen ab, sondern von der Möglichkeit, sich zu treffen, Plätze zu gestalten, miteinander zu reden und Entspannung zu suchen für Jung und Alt. Altes bleibt, verbindet sich aber stärker mit Bedürfnissen nach kleinen Gemeinschaften und ihrem Zusammenhalt. Viele von uns werden gefragt: »Was soll das? Wo bleibt die Zeit für die Pflichtaufgaben – Arbeit, Haushalt, Kochen, Schulaufgaben, Kinder und Ältere versorgen?« Die Antwort lautet: Alles hat seine Zeit.

Kinder brauchen Kinder, wollen mit anderen Kindern lernen und spielen. Und die Erwachsenen suchen Muße, wollen verweilen, sich treffen und etwas erleben. Der Devise: »Kontakte einschränken!« steht der gleichgewichtige Slogan gegenüber: »Distanz ja, aber mit neuen Zeichen von kontrollierter Nähe und Achtsamkeit!« Wir werden wieder erfinderischer, wie die Kinder. Es begegnen sich Angst und Mut, Neues, wenn auch anders, auszuprobieren. Die alten Probleme sind nicht weggefegt, aber sie werden mit neuer Zuversicht bearbeitet. Ja, Corona hat Distanz geschaffen. Aber zugleich auch das Bedürfnis, näher zusammenzurücken, umzulernen und weiter zu lernen – oft mit mehr Lebensfreude als Qual an den Beschränkungen.

Immerhin: Hier gibt es Bewegung, es wird diskutiert über Klimaschutz, geredet und gestritten, die Medien berichten und reißen den Diskurs aus der Verdrängung und Vergessenheit heraus. Eine solche Dynamik brauchen wir auch in der Gleichstellungsdebatte. Wir brauchen mediale Aufmerksamkeit, wir brauchen Diskurs, wir brauchen Streit – mit radikalen Ideen, Ansätzen und Lösungen unter Einbezug aller gesellschaftlichen Akteure.

*

Denn womit sehen wir uns momentan in Deutschland konfrontiert? Mit einer Rückkehr zu alten Ausgrenzungen, einer abnehmenden Beteiligung der Frauen an politischen Mandaten und Ämtern auf Bundes-, Landes- und Kommunalebene. Besonders in kleinen Gemeinden und im ländlichen Raum ist das spürbar. Aber auch für Großstädte gilt: Eine Oberbürgermeisterin ist schwer zu finden.[5] Der Anteil der Frauen in der Politik nimmt nicht zu, sondern ab. Deutlich und stetig. Das kann und darf nicht so bleiben.

Brauchen wir in dieser dramatischen Lage eine Revolution? Ich habe zunächst an das Selbstverständliche gedacht, an die gleiche Verteilung von Verantwortung und Beteiligung an den Zukunftslösungen, kurz: an Parität. Für die Gegner des Paritätsgedankens ist das Wort Revolution wahrscheinlich eine gefährliche

---

5   Heinrich Böll Stiftung (Hg.)/Lars Holtkamp/Elke Wiechmann/Monya Buß (2017): Genderranking deutscher Großstädte 2017, Berlin. Innerhalb von zehn Jahren ist der Anteil an Oberbürgermeisterinnen eingebrochen – von 17,7 Prozent im Jahr 2008 auf 8,2 Prozent im Jahr 2017.

Perspektive. Für die Nachdenklichen und die Offenen ist Parität hingegen eine politische Selbstverständlichkeit – eine logische, soziale und emotionale, ja menschengerechte Notwendigkeit.

*

In diesem Zusammenhang erinnere ich mich gut an zwei Theaterabende aus jüngster Zeit und den Bericht von Egbert Tholl in der Süddeutschen Zeitung vom 2. Oktober 2019 anlässlich der Saisoneröffnung der Münchner Kammerspiele, die sich um das Thema neue Verantwortungspartnerschaft drehte. Beide Aufführungen haben mich alarmiert und inspiriert. Der Abend war einzigartig, Verena Regensburger brachte »These Teens will save the Future« und Stefan Pucher eine Inszenierung von »König Lear« auf die Bühne. Warum hat mich beides so gefesselt und nicht wieder losgelassen? Beide sind von einer seltsam paradoxen Art. Sie spielen in hochdramatischer Weise mit den Vorstellungen von Ende und Neuanfang, Desaster und Rettung, Irrsinn und Realität. Die Anspannung steigert sich in einer Weise, die fast unerträglich erscheint, aber gleichzeitig danach drängt, nicht abgebrochen zu werden. Dieser Zwiespalt löst sich nicht auf, bleibt aber durchsetzt von Hoffnungssplittern und erlebbaren Hoffnungselementen.

Verena Regensburgers Kernaussage in ihrer Theaterkomposition mit 26 jungen Menschen im Alter zwischen zehn und 20 Jahren lautet: »These Teens will save the Future«. Die Intendantin hat Texte geschrieben, geformt und rhythmisiert, Solostellen und Chor-Explosionen komponiert, aus denen Entsetzen und

Entrüstung sprechen, aber auch helle Wachheit für das »Feuer« in Natur und Kultur – hoch spannend. Ihre Botschaft ist eindringlich und energisch, aber nicht verzweifelt. Aus den gesprochenen und gesungenen Passagen wird hier Kunst zur politischen Aufgabe und Herausforderung. Ein Appell zur Umkehr! Es bleibt nicht bei der Wucht der Entrüstung, es entwickelt sich in den Videos und den darin enthaltenen Begegnungen die Aufforderung, persönlich darüber nachzudenken, wie es weiter gehen kann und muss: »We are unstoppable, a better world is possible.« Diese Jugendlichen sind überzeugt, dass Veränderung mit ähnlich oder gleich fühlenden und denkenden Menschen möglich ist. Vor allem dann, wenn viele Menschen ihren Ängsten und Erwartungen eine öffentliche Stimme geben. Diese Entrüstung, die Forderungskataloge, Nutzung der Rechte und Freiheiten, Authentizität und gendergerechte Sprache beziehungsweise kultivierte Sprache entgleiten nicht in eine utopische Sphäre. Sie bleiben – inmitten einer Welt voller Widersprüche. Es ist unsere Aufgabe, diese abzubauen und aufzulösen. Das ist möglich, wenn auch nicht ohne Widerstände.

In Puchers »König Lear« wird die Shakespeare-Tragödie durch Thomas Melle in einen aufregenden Geschlechter- und Generationenkampf verwandelt. Melles Botschaft lautet: Die garstigen Töchter King Lears sind keineswegs die lieblichen Geschöpfe der Emanzipation. Sie treten mit dem radikalen Anspruch auf, das patriarchale System endgültig zu beseitigen. Das erfordert die radikale Bekämpfung von Ausgrenzung und Diffamierung, Herabsetzung, Verfolgung und Mord. Dieser Anspruch muss für alle strikt verbindlich sein.

Wenn sich diese Untaten nicht in der nächsten Generation fortsetzen sollen, dann muss radikale Umkehr zügig auf den Weg gebracht werden. Und dazu gehört die öffentliche Rolle der Frauen, der lange Ausgegrenzten und Verfolgten, die bisher in ihrem Können, ihren Ideen und Argumenten unterschätzt wurden. Frauen engagieren sich, brauchen dazu aber auch eine größere Beteiligungsoffenheit der Männer.

Wir müssen umdenken, zu mehr Mitmenschlichkeit und Würde und zu weniger Isolation und Alleingelassensein finden.

*

Beide Theaterinszenierungen weisen den Weg zu einer radikalen Veränderung. Das kann nur mit und durch Menschen erfolgen und nicht allein durch Freiwilligkeit ohne Regeln und Gesetze. Das Niederträchtige, Zerstörerische, Unmenschliche bedarf dringend der Zähmung und keinerlei Duldung.

Unsere aktuelle Lage zu Hause und in der Welt ruft nach Menschen, die sich beteiligen an notwendigen Veränderungen. Die Zahl an Menschen, auch jungen, die solidarisch einander helfen, ist noch immer ermutigend hoch, das zeigen die Statistiken. Aber zugleich wächst die Zahl der Gleichgültigen und Egoisten. Und irgendwann halten wir für selbstverständlich, was uns abhandengekommen ist oder abhandenkommen wird – wechselseitige Achtsamkeit und Solidarität.

Wir leben in einer Welt einschneidender gesellschaftlicher Umbrüche und Veränderungen. Der Wunsch und das Verlangen, zu alten Lebensverhältnissen und Strukturen zurückzukehren, erweisen sich dann als wenig mitreißend und begeisternd, wenn Denken, Handeln und Verhalten der Menschen bereits in einer anderen Richtung gefunden sind und gelebt werden: Selbstbestimmung und Mitmenschlichkeit. Die Forderung nach Parität, also nach partnerschaftlich gelebter Gleichberechtigung und Verantwortungsbeteiligung, ist kein Selbstzweck, sondern zielt auf ein befreites und zugleich solidarisches Leben in Gemeinschaft und Gesellschaft.

Und genau hier ist ein Paradigmenwechsel vonnöten, ein grundlegender, ja ein revolutionärer Akt von und für Menschen und eine neue Art von Problem- und Konfliktlösungen. Das ist anstrengend, politisch und rechtlich. In Deutschland haben bisher die beiden Initiativen für ein Paritätsgesetz in den Bundesländern Brandenburg und Thüringen nicht zum Erfolg geführt. Auch die jüngste Entscheidung des Bundesverfassungsgerichts (Pressemitteilung Nr. 3/2022 vom 18. Januar 2022) zur Ablehnung der Verfassungsbeschwerde gegen das Urteil zum gekippten Thüringer Paritätsgesetz argumentiert mit der unzureichenden Begründung und den fehlenden Nachweisen. Das Bundesverfassungsgericht erklärt, dass es zweifelhaft erscheint »[...] ob der Verweis auf die Unterrepräsentanz von Frauen in den Parlamenten bereits ausreicht, um von einer ›strukturellen Benachteiligung von Frauen in der Politik‹ ausgehen zu können.«[6] Letzteres ist gewiss mittels wissenschaftlicher Erhebungen und qualitativer Studien nachweisbar. Und dazu müssen wir

---

6 BVerfG, Beschluss der 1. Kammer des Zweiten Senats vom 6. Dezember 2021 – 2 BvR 1470/20 –, Rn. 49.

uns auch verpflichten, um die Gleichstellung endlich zu erreichen. Aber ich bin sicher: Wir werden auf diesem Weg viel mehr positive als negative Erfahrungen machen können.

»Die Entscheidungen von Weimar und Potsdam werden die paritätische Gesetzgebung in Deutschland lediglich verzögern – aber nicht verhindern.«[7] Wir sind nicht alleine, haben Mitstreiterinnen in Wissenschaft und politischem Engagement. Die Kasseler Juristin Prof. Dr. Silke Laskowski engagiert sich seit Jahren für ein paritätisches Wahlrecht in einer bislang männerdominierten Politikwelt.

Was primär fehlt, ist noch immer der politische Wille.

---

7 Silke Ruth Laskowski (2021): Paritätisches Wahlrecht – warum?, in: Hendrick Herring (Hg.): Parlamentarische Demokratie heute und morgen: Erwartungen, Herausforderungen, Ideen. Frankfurt/Main: Wochenschau Verlag, S. 179–208.

2
Aufbruch und Rückschlag – Alternativen zur Zwietracht der Geschlechter

Die Frauenbewegung insgesamt hat viel erreicht für die Würde der Frau, ihre Gleichberechtigung, für ihre aktive Beteiligung an und die Gestaltung von allen Lebensbereichen. Dafür haben die großen Frauenbewegungen des 19., 20. und 21. Jahrhunderts gekämpft. Und Frauen haben ihr Können unter Beweis gestellt.

Wagen wir einen Blick 150 Jahre zurück: Die Erfolge in der Frauenpolitik können wir vor allem dort sehen, wo das Recht für Frauen gegen alle Widerstände durchgesetzt, sinnvoll modifiziert und erweitert wurde.

1848 trat die erste deutsche Nationalversammlung zusammen. 85 Prozent der Männer in Deutschland verfügten damals – in Abhängigkeit ihrer Klassenzugehörigkeit – über das aktive oder auch passive Wahlrecht. Frauen wurde dies nicht zugestanden. Ihnen, so die zeitgenössische Erklärung für diesen Unzustand, fehle es an der »natürlichen Qualifikation« und der »nötigen

Bildung«. Wir Frauen wären demzufolge zur Ausübung staatsbürgerlicher Rechte nicht befähigt.[1]

Die zunehmende Verarmung weiter Bevölkerungsschichten, die »soziale Frage« und »die Arbeiterfrage« waren anfangs nur für wenige Frauen Anlass, sich zuzusammenzuschließen. Wenige Zeit später gründeten sie demokratische Vereine und politisierten sich im Zuge der 1848er-Revolution in Deutschland. Sie begannen in »Wohltätigkeitsvereinen«, aus Angst vor staatlichen Repressalien oder gar vor einem Vereinsverbot, denn bis zum Jahr 1908 war es Frauen nach dem preußischen Vereinsgesetz verboten, sich politisch zu organisieren.

*

Es waren also anfangs vor allem die Vorkämpferinnen, die der Frauenbewegung, die bis heute lebt, den Weg ebneten. Trotz unterschiedlicher politischer und weltanschaulicher Positionen hatten sie sich für das große Ziel zusammengeschlossen und hielten auch in kritischen Situationen zusammen.

Eine von ihnen ist Hedwig Dohm. Sie schrieb bereits 1876 in ihrem Werk »Der Jesuitismus im Hausstande«: »Die Menschenrechte haben kein Geschlecht.«[2] Sie forderte explizit und unmissverständlich das Frauenwahlrecht als Voraussetzung für die Durchsetzung weiterer

---

1 Anke Gimbal/Ramona Pisal (2017): Von null auf 50 – nicht in 100 Jahren, in: Rebecca Beerheide/Isabel Rohner (Hg.): 100 Jahre Frauenwahlrecht: Ziel erreicht! ... und weiter?, Königsstein/Taunus: Ulrike Helmer Verlag.
2 Hedwig Dohm (1876): Der Frauen Natur und Recht. Zwei Abhandlungen zur Frauenfrage, Berlin: Wedekind & Schwieger, S. 184.

Rechte. Damit stellte sie die Freiheit des menschlichen Individuums ins Zentrum des Rechtsgedankens – das war neu, das war mutig!

Schon 1875 auf dem Arbeiterkongress in Gotha stellte August Bebel, seit 1869 Vorsitzender der Sozialdemokratischen Arbeiterpartei, einen Antrag, dass nicht nur den Männern, sondern auch den Frauen das Wahlrecht zugestanden werden solle. Dieser unterlag mit 55 zu 62 Stimmen. Aber Bebel kämpfte weiter gegen die Unterdrückung der Frauen.

Zwei Dinge waren ihm besonders wichtig: Die Frau muss ökonomisch unabhängig sein, um es körperlich und geistig zu sein. Frauen müssen aufgeklärt werden über das Ausmaß ihrer Unterdrückung und sich dieses Unrechtszustands bewusst werden. Sie und ihre Kinder stehen an den Maschinen und erhalten nur ein Drittel des Männerlohns. Frauen brauchen die Unabhängigkeit und das Recht, eine Bewegung bilden zu können, die die alten Zustände verändert, so formulierte Bebel damals.[3]

Im Rahmen des am 19. Oktober 1878 beschlossenen Sozialistengesetzes ließ Bismarck 332 Vereinigungen auflösen, 1.299 Druckschriften verbieten, 839 Personen des Landes verweisen und hohe Gefängnisstrafen verhängen. Frauen ließen sich dadurch aber nur bedingt abschrecken.

Es bilden sich viele Arbeiterinnenvereine, die erste Frauengesellschaft wird gegründet. 1886 erscheint die erste Arbeiterinnenzeitung unter dem Namen »Die

---

3 August Bebel (1879): Die Frau und der Sozialismus, Zürich-Hottingen/Leipzig: Genossenschaftsbuchdruck.

Staatsbürgerin«. Die Kampfparole heißt Gleichberechtigung der Geschlechter. In den 1890er-Jahren geht es auch in den neu gegründeten Gesellschaften um Frauenrechte und mehr Schutz für Frauen, bei der Arbeit, öffentlich und privat. Frauenrechtsvereine und Gewerkschaften kämpfen gemeinsam. 1890 fällt bei den Reichstagswahlen das Sozialistengesetz.

Ein Jahr später, 1891, nimmt die SPD auf ihrem Erfurter Parteitag die Forderung nach dem Frauenstimmrecht erstmals in ihr Parteiprogramm auf. In den darauffolgenden Jahren organisierten sich immer mehr Frauen, die nicht bereit waren, ihre Zurücksetzung zu akzeptieren, in Organisationen, soweit dies mit der jeweiligen Vereinsgesetzgebung des Landes vereinbar war.

Um die Jahrhundertwende entwickelten und propagierten sowohl die bürgerliche als auch die proletarische Frauenbewegung eigene Emanzipationskonzepte, die im Kern allerdings immer wieder das gleiche Ziel hatten: mehr und gleiche Rechte für Frauen.

2.1 Der große Weimarer Durchbruch

Mutige Frauen haben vor 100 Jahren durch ihren höchst engagierten und riskanten Einsatz und durch ihr unnachgiebiges Verhalten gezeigt: Es muss nicht bei der Ausgrenzung der Frauen in der Politik bleiben. Das lässt sich ändern. Sie kamen aus allen sozialen Schichten, mit geringen und privilegierten Bildungschancen, aus armen und begüterten Familien, und sie hatten diesen »inneren Kompass«: Der unerschrockene Wille, das aktive und passive Wahlrecht zu erhalten, also als Bürgerinnen ihr Menschenrecht durchzusetzen und so am politischen Leben ihrer Zeit beteiligt zu werden, einte sie.

Auch damals gab es bereits aufgeschlossene Männer – zunächst nur eine kleine Minderheit –, die bereit waren, die Erwartungen und Forderungen der Frauen zu unterstützen. Doch die Mehrheit ihrer Geschlechtsgenossen blieben harte Verweigerer, fanatische Verfechter des Ausschlusses von Frauen aus ihrem »politischen Besitz«, auf allen Ebenen, aber ganz speziell auf der von Parlament und Regierung.

Folglich spitzte der Konflikt sich zu, je enger politisch denkende Frauen zusammenrückten und gemeinsam für dieselbe Sache kämpften. Es war dieser blutige, brutale, industrielle Erste Weltkrieg mit Millionen Todesopfern, Zerstörungen und Hungersnöten, der ihren Willen noch einmal stärkte, Einfluss auf politische Entscheidungen zu nehmen, endlich ihre Stimme zu erheben und grundlegende Veränderungen herbeizuführen – mit Sachkompetenz, Argumenten und Beurteilungen. Doch die Hürden und Hindernisse auf diesem Weg waren erheblich.

*

Vier Jahre Schulpflicht – das war die schulische Grundbildung für viele. Wer länger lernen wollte, musste kräftig zahlen. Beeindruckend war der Bildungshunger dieser Frauen und ihre Fähigkeit, sich trotz aller Barrieren sowohl Buch- wie Handlungswissen zu erwerben. So gelang es ihnen, Kompetenz und feurige Leidenschaft für ihre politischen Grundforderungen in die Weimarer Verfassung einzubringen.

1918 hatten sie es geschafft. Nachdem sich im Sommer der militärische Zusammenbruch des Kaiserreiches abgezeichnet hatte, stellte der Rat der Volksbeauftragten, eine Übergangsregierung, am 12. November 1918, einen Tag nach Kriegsende, in einem Aufruf an das deutsche Volk sein neues Regierungsprogramm vor, welches das Wahlrecht für alle Frauen und Männer ab 20 Jahren vorsah und politisch verankern wollte. Am 30. November 1918 fand sich in Paragraf 2 der Verordnung über die Wahlen zur verfassunggebenden deutschen Nationalversammlung (Reichswahlgesetz) schließlich folgender Satz:

»Wahlberechtigt sind alle deutschen Männer und Frauen, die am Wahltag das 20. Lebensjahr vollendet haben.« Und in Paragraf 5: »Wählbar sind alle Wahlberechtigten, die am Wahltag seit mindestens einem Jahre Deutsche sind.«[4]

Endlich waren passives und aktives Wahlrecht für Frauen gesetzlich verankert. Endlich konnten sie wählen und durften gewählt werden. Und das taten die Frauen dieser Zeit! Als sie in Deutschland am 19. Januar 1919 zum ersten Mal ihre demokratischen Grundrechte ausübten, beteiligten sich 82 Prozent von ihnen an der Wahl. 37 Frauen wurden gewählt und schafften den Sprung in den Reichstag. Ihr Anteil war mit neun Prozent sehr gering, aber es war ein Anfang.

*

---

4 <http://www.documentarchiv.de/wr/1918/reichswahlgesetz.html>.

Lesen wir heute die ersten parlamentarischen Reden der Frauen im Weimarer Reichstag, sind wir erstaunt und fasziniert, was gesagt wurde und wie es gesagt wurde: klar, präzise, höchst wirksam und authentisch. Der jahrhundertelange Bildungsvorsprung der Männer war wie weggeschmolzen. Es war zumindest nicht mehr zu merken, was die Frauen im Kampf für ihre Rechte durchlitten hatten an Widerständen, Strafen und Gewalt. Zu spüren war hingegen die Befreiung aus dem »Käfig«, aus der Unfreiheit, aus Ohnmacht und Geringschätzung, und zu spüren waren die neue Selbstachtung und der unbeugsame Wille zur demokratischen Teilhabe und Gestaltung. Frauen entwickelten ein neues Selbstwertgefühl und waren entschlossen, sich nie wieder in das Private, das Häusliche der Familie zu isolieren oder isolieren zu lassen. Sie wollten beides: ein öffentliches und ein privates Leben, und sie waren nicht mehr willens, sich das noch länger vorenthalten zu lassen durch Vertröstungen oder fadenscheinige Kompromisse. Dabei ging es den Frauen nicht um ein Gegeneinander, sondern um ein Miteinander, darum, Erfahrungen und weibliches Licht einzubringen. Sie wussten, dass und warum das »Jetzt« nach diesem verlorenen Krieg genutzt werden musste für die Begründung einer neuen lebenswerten Existenz und eine menschenfreundliche, zukunftsorientierte Politik.

*

Unter ihnen ist Marie Juchacz. Das erste Mal tritt sie bei der neuen Nationalversammlung in Weimar am 19. Februar 1919 (11. Sitzung) an das Rednerpult des Parlaments. Und es ist das erste Mal, dass in Deutschland eine Frau als frei und gleich im Parlament zum Volke sprechen darf:

»Ich möchte hier feststellen, und glaube damit im Einverständnis vieler zu sprechen, dass wir deutschen Frauen dieser Regierung nicht etwa in dem althergebrachten Sinne Dank schuldig sind. Was diese Regierung getan hat, das war eine Selbstverständlichkeit: Sie hat den Frauen gegeben, was ihnen bis dahin zu Unrecht vorenthalten worden ist.«[5]

Dieser Satz ist von größter historischer Bedeutung: Denn bei der Vorbereitung dieser Versammlung wurden Frauen als gleichberechtigte Staatsbürgerinnen anerkannt. Aber mit der Anerkennung des Staatsbürgerrechts hat die Regierung den Frauen nicht etwa ein großzügiges Geschenk gemacht, sondern ihre selbstverständliche Pflicht erfüllt – eine Pflicht, die für jeden gerecht und billig denkenden Menschen und für jeden Demokraten dieses Landes ein nicht mehr aufschiebbares Recht war. In diesem revolutionären Protest wurden alte Vorurteile gegenüber Frauen überwunden und ihre Unmündigkeit in Deutschland abgeschafft.

Im Rahmen der Nationalversammlung im Februar 1919 lautete die erste Botschaft von Marie Juchacz nach der Durchsetzung des aktiven und passiven Wahlrechts: »Die Frauen besitzen heute das ihnen zustehende Recht der Staatsbürgerinnen. [...] Wollte die Regierung eine demokratische Verfassung vorbereiten,

---

5   Zitat nach: Erste Rede einer Frau im Reichstag am 19. Februar 1919, <https://www.bundestag.de/dokumente/textarchiv/2014/49494782_kw07_kalenderblatt_juchacz-215672> (letzter Zugriff 8.9.2019).

dann gehörte zu dieser Vorbereitung das Volk, das ganze Volk in seiner Vertretung.«[6]

Erst jetzt – und nur so! – sei die volle Souveränität erreicht, wie Marie Juchacz sagt: mit der Beteiligung des ganzen Volks. Das Konzept der Demokratie sei nicht primär ein Handwerk: Zu ihm gehörten scharfes, kluges Denken, ruhiges Abwägen und warmes menschliches Fühlen.

Der alte Kampf um elementare Grundrechte lag nach dem Ersten Weltkrieg hinter ihnen, vor ihnen lag der politische Kampf mit seinen unterschiedlichen Weltanschauungen und Parteigruppierungen. Frauen nehmen von nun an teil am gesamten Aufgabenspektrum von Regierung und Exekutive: Zugang für Frauen zu den Parlamenten, Zugang für Frauen zum öffentlichen Dienst, Zugang für Frauen zu den Aufgaben der Verwaltungsebenen, eben gerade auch zu Bereichen, wo Frauen aus damaliger Sicht selbstständig arbeiten konnten. Wie zum Beispiel bei der Witwen- und Waisenfürsorge, bei der Fürsorge für Kriegshinterbliebene, ferner auf den Gebieten des Schulwesens, der allgemeinen Volksbildung und der höheren Bildung. Die Abgeordnete Juchacz lässt kein Gebiet außen vor: Sozialpolitik, Wohnungsfragen, Mutterschutz und Volksgesundheit, Jugendpflege und Arbeitslebensfürsorge, Einkommenssicherung für Alters- und Invalidenrentner, Aufbau des gesamten Wirtschaftslebens.

*

6 Weimarer Nationalversammlung am 19.2.1919: Marie Juchacz im Wortlaut, <http://www.meinhard.privat.t-online.de/frauen/juchacz_rede190219.html>.

Wer ist diese Abgeordnete? Eine Arbeiterin mit vier Pflichtschuljahren, eine Ungelernte nach allgemeinem Verständnis, eine »Hingelernte«, »Herausgebildete«, keine Fachkraft, eine »Selfmade«-Frau, eine Fabrikarbeiterin mit hohem Bildungs- und Kompetenzinteresse. Sie wurde 1879 geboren, durch die Krankheit des Vaters litt die Familie unter Stellungs- und Einkommensverlusten. Marie Juchacz' Leben prägte diese Sorge um die Familie und die Suche nach Erwerbsarbeit. Gleichzeitig bildete sie sich durch Zeitungs- und Buchlektüre fort, ließ nicht nach in ihrem politischen Engagement, erwarb sich enorme Kenntnisse in den verschiedenen gesellschafts- und sozialpolitischen Feldern, um unter den ersten weiblichen Abgeordneten des Weimarer Reichstags zu sein. Eine Demokratie ohne Teilhabe des ganzen Volkes, unabhängig von Standesrechten, Einkommensbezügen, Bildung, Gesundheit, Alter und Geschlecht – das ist keine echte Demokratie, so lautete ihre Botschaft. Marie Juchacz wich den Kritikern im Parlament nicht aus, schon gar nicht jenen, die ihr zu weit von der sozialen Realität, den Nöten der Armen und Verarmten, den Industriearbeiterinnen entfernt waren.

Erst vor gut 100 Jahren also hat sich die erste große Frauenbewegung in Deutschland gegen massive politische Widerstände durchgesetzt mit ihrer Forderung nach aktivem und passivem Wahlrecht für Frauen und Männer. Dennoch frage ich mich oft: Wie war es möglich, dass dies in einer solch alarmierenden Krise der totalen Niederlage, des Zusammenbruchs und notwendigen Neuanfangs nach dem Ersten Weltkrieg gelang?

Eine Erklärung könnte sein, dass in dieser verzweifelten, aussichtslosen Situation eine hoffnungsvolle Perspektive gerade gegenüber und durch Frauen unbedingt gebraucht wurde. Sie hielten die Kriegs- und Nachkriegsgesellschaft am Leben. Die seit Jahrzehnten gestellte Forderung nach politischer Beteiligung am Gemeinwesen konnte wohl kaum mehr zurückgewiesen werden. Zwar waren sich die Frauen noch immer sehr bewusst, wie unerwünscht sie als Staatsbürgerinnen waren und dass ihnen in Preußen sogar jede Art politischer Tätigkeit strikt verboten war. Aber die Zeiten änderten sich, wenn auch langsam, und der demokratische Kampfesgeist war ungebrochen.

Außerdem war es eine einfache Tatsache, dass wir Frauen dringender denn je gebraucht wurden. Die Erfüllung der Forderung nach gleichen Rechten am 19. November 1919 entsprach sicher nicht einer breiten Stimmung, Frauen das Menschenrecht zu gewähren, und der allgemeinen Vorstellung von ihrer privaten und öffentlichen Rolle. Aber neue Zuversicht wurde gebraucht inmitten der Katastrophe. Die Entscheidung für den Wechsel von der Monarchie zur Demokratie verlangte die Beteiligung aller deutschen Bürger und Bürgerinnen am Wiederaufbau und Neuanfang – das war die Botschaft an Männer und Frauen, um der tiefgreifenden existenziellen Krise zu begegnen. Sie brachte bei den Frauen das Gefühl von Zugehörigkeit hervor und weckte bei den traumatisierten, geschundenen Männern Hoffnung. Kriege und Kriegserlebnisse mit ihrer sinnlosen, zerstörenden Gewalt, mit der äußeren und inneren Not, führen oft dazu, dass Gesellschaften, die für sie lebenserhaltenden, selbstverständlichen

Menschenrechte als extrem und unerwünscht ansehen und verweigern.

Diejenigen, die dieses grundlegende Recht auf Beteiligung aller Menschen an der Gestaltung unseres öffentlichen, sprich politischen Lebens zu erfüllen versuchten, galten als Menschen, die aus der Zeit herausgefallen waren, die nicht wissen wollten, was die Stunde geschlagen hatte und die Umstände verlangten, als extreme Menschen, die mit allem brachen, was doch schon immer gegolten hatte: nämlich der klaren Unterscheidung und Abgrenzung der Geschlechter. Wie viel menschliches, weibliches Potenzial lag dadurch brach? Nicht in der Familie, sondern in der Politik, dort, wo Verantwortung und Herrschaft über die Gestaltung unserer Lebenswelt ihren mächtigen Platz hat.

2.2 Rückfall in die Barbarei – die Zeit des Nationalsozialismus

Der große Durchbruch, den die Weimarer Republik den Frauen in ihren Rechten ermöglichte, war allerdings nur von kurzer Dauer. Noch heute erschüttert mich immer wieder von Neuem der Gedanke, wie rasch, wie radikal und wie brutal eine ganze Kultur unter der Faust der Nationalsozialisten und ihrer barbarischen Ideologie zusammensackte. Es kam die Zeit der großen Arbeitslosigkeit, die Zeit der Radikalisierung, die Stilisierung des Demagogen Hitler zum »Retter« und »Führer«. Und es kam das Ende der Demokratie.

*

Die barbarische, menschenverachtende Ideologie der NSDAP beinhaltete schon früh die Zuschreibung einer sogenannten »Rassenseele« für die Deutschen. Sie spiegelte sich im Aufbau der nationalsozialistischen sogenannten »Volksgemeinschaft«. Die wiederum konnte es nach Ansicht der Ideologen nur geben, wenn es in der neu aufzubauenden Gesellschaft als Erstes eine »rassische Gleichheit« gäbe. Damit wurde automatisch jede Pluralität der Meinungen und Interessen, wie sie eine lebendige demokratische Gesellschaft zeigt, vom Tisch gewischt. Vielmehr sollte die neue Gesellschaft von gleichgerichteten, besser gesagt, gleichgeschalteten Interessen aller Mitglieder getragen werden.

Für die Rollen der Geschlechter hatte diese Politik fatale Folgen. Die Nazi-Ideologie nämlich postulierte, dass beide nun jeweils spezifische Aufgaben erfüllen sollten. Andere Rollen, andere Rechte, andere Pflichten waren die Folge. Alle in den vorhergegangenen Jahrzehnten erreichten Erfolge der Frauen im Kampf um Beteiligung wurden durch diesen ideologischen Ansatz mit einem Schlag vernichtet.

Bereits ein Jahr nach ihrer Gründung im Jahre 1921 hatte die damals noch unbedeutende NSDAP in ihren Statuten festgeschrieben, dass Frauen weder in die »Führung der Partei« noch in deren »leitenden Ausschuss« aufgenommen werden dürften. Nach dem Machtantritt der NSDAP wurde dann eine ganze Folge von Gesetzen verabschiedet, die Frauen aus ihren Berufen in Wirtschaft und Verwaltung verdrängen sollten und dagegen die Arbeit als Hausfrau und Mutter belohnten. Viele Beispiele zeigen, wie Frauen konsequent in ihrer Berufstätigkeit schikaniert wurden. So gab es zum Beispiel einen Berufsausschluss von Beamtinnen, die von Vater oder Ehemann finanziell versorgt wurden. An den Universitäten wurde eine Begrenzung der Neuimmatrikulationen von Frauen erlassen. Gestärkt aber wurden im Gegenzug Anreize für das Aufgeben der Erwerbstätigkeit im Falle der Mutterschaft. Schließlich, im Jahr 1933, wurde den Frauen im NS-Reich das passive Wahlrecht abgesprochen.

*

Die Nazi-Propaganda-Maschine arbeitete unermüdlich gegen jede Form von emanzipatorischen Gedanken.[7] Vor allem organisierte Gruppen von Frauen, die auf ihren Rechten bestanden, wurden von der gleichgeschalteten Parteipresse als Organisationen jüdischen oder wahlweise marxistischen Gedankengutes bezeichnet. Die sogenannte »Reichsfrauenführerin« Gertrud Scholtz-Klink dagegen setzte nun ein Geschlechtermodell, dass sich altbackener nicht vorstellen lässt: In den Köpfen der Nazi-Ideologen trafen stets nur die Männer die Entscheidungen – und Frauen führten diese lediglich aus.

So stellte Gertrud Scholtz-Klink schon im Jahre 1934 fest: »Der gesamten maßgebenden und richtungsbestimmenden Frauenbewegung der Nachkriegszeit« – also der Zeit nach 1918 – »fehlte die Voraussetzung zu einer gedeihlichen Entwicklung, der gesunde Boden, auf dem sie hätte stehen müssen, um erfolgreich für

---

7 Adolf Hitler hierzu 1933: »Das Ziel der weiblichen Erziehung hat unverrückbar die kommende Mutter zu sein.«

die Frauen sein zu können; der artgemäße, blutmäßig richtige Aufbau.«

Folgerichtig trieben die Nationalsozialisten ihre Politik der Gleichschaltung auch bei allen anderen – zum Beispiel bürgerlichen – Frauenverbänden fort. Widerstand wurde durch Drohungen im Keim erstickt. Diese Gleichschaltung diente dem Ziel der NSDAP, nach der Ernennung Adolf Hitlers zum Reichskanzler am 30. Januar 1933 einen totalitären Staat zu errichten. Die Grundlage der Staatsideologie waren der krude Rassenhass, Antisemitismus und Antiinternationalismus der Nazis. So wurden auch alle anderen bestehenden Frauenzusammenschlüsse zur Auflösung gezwungen und in staatliche Organisationen eingegliedert.

*

Im Nationalsozialismus endete mit der Übernahme der Macht durch Hitler und seiner Partei für zwölf Jahre die Geschichte der Frauenbewegung, die seit dem 19. Jahrhundert schon so manches erreicht hatte. Die Nazi-Ideologen hatten mit dem Gedanken der Emanzipation der Frauen, geschweige denn mit der Idee der Parität, nichts am Hut. Sie propagierten einen in ihren Augen »neuen« Frauentyp. Und der sah so aus: Die »natürliche« Hauptaufgabe der Frau bestand nach ihrer Ansicht darin, möglichst viele Kinder zur Welt zu bringen. Die Frau wurde von den Nazis zur Gebärmaschine herabgewürdigt. Das Ziel der wachsenden Geburtenrate sollte sein, die Ausbreitung der »arischen Rasse« zu betreiben.

Zu diesem expansiven Zweck wurde eine ganze Reihe von Förderungen durch den Staat geschaffen. Diese Anreize sollten die Gebärfreudigkeit der Deutschen erhöhen. Sie wurden mit viel Tamtam und bisweilen auch unerträglichem Pathos zelebriert. Sind die gewährten Steuererleichterungen für Familien mit vielen Kindern noch eher den pragmatischen Maßnahmen zuzurechnen, so ist das sogenannte »Mutterkreuz« als vermeintliche Auszeichnung für die Geburt vieler Kinder eine geschmacklose Herabwürdigung des Selbstverständnisses von Frauen.

In diesem Zusammenhang sollte nicht vergessen werden: Die Feier des »Muttertags« wurde ebenfalls von den Nazis eingeführt. Sie verknüpften perfiderweise mit der Ehrung der Mutter die Würdigung der »germanischen Herrenrasse«. So wurde die kinderreiche deutsche Mutter zu einer Art Heldin des Volkes – denn sie gebar ja dem »Führer« den gewünschten »arischen Nachwuchs«.

*

Frauen, die sich im Nationalsozialismus nicht anpassen wollten, mussten untertauchen und um ihr Leben bangen. Elisabeth Selbert, Juristin und 1948/49 eine der vier Mütter des Grundgesetzes, zählte zu ihnen.

Wir sehen: Die Barbareien des Nationalsozialismus kappten die gerade gewonnenen Zugangsmöglichkeiten der Frauen zur Beteiligung. Sie sollten sich nach dem Willen der NS-Ideologen auf die demografische Entwicklung beschränken, direkter gesagt: darauf, Soldaten zu gebären, die Familie zu versorgen und ansonsten den Mund zu halten. Elisabeth Selbert war die letzte Familienrichterin, die im öffentlichen Dienst angestellt wurde. Aber damit sollte Schluss sein.

Aber im Krieg zeigte sich, dass Frauen häufig gerade dort gebraucht wurden, wo sie eigentlich laut Nazi-Weltbild nicht mehr tätig sein durften. Es scheint paradox, aber es gab einen Aufbruch inmitten der Verfolgung. Die Wirkung der Weimarer Bewegung für Bildung, Arbeit, aktives und passives Wahlrecht hielt an. Entscheidend damals und wichtig für heute sind und waren die Vorbilder durch starke, erlebbare Einzelpersönlichkeiten, das sichtbare und breite Engagement von Frauen und Männern – und ihre Zusammenschlüsse, ihre organisierten Gruppen, Netzwerke, Vereine, Gewerkschaften, Verbände und Parteien.

Diese Erkenntnis wurde von Frauen auch nach zwölf Jahren nationalsozialistischer Herrschaft und Demütigung vieler Frauen, ideologisch erniedrigt durch Mutterkreuze ebenso wie durch die Aberkennung mancher Wahlrechte, nicht vergessen und sofort umgesetzt. Dies geschah in der Rückkehr zur Vereins- und Verbandsbildung unter Aufsicht und Förderung der Alliierten Mächte, zunächst spontan in West- und Ostdeutschland, dann durch Bildung des Frauenrings (seit 1949), beziehungsweise des Deutschen Frauenrats (seit 1969).[8]

---

8   Ute Gerhard (1995): Die »langen Wellen« der Frauenbewegung – Traditionslinien und unerledigte Anliegen, in: Ilse Lenz (Hg.): Die Neue Frauenbewegung in Deutschland. Abschied vom kleinen Unterschied. Ausgewählte Quellen. 2. Aufl., Wiesbaden: VS Verlag für Sozialwissenschaften, S. 491 ff.

2.3 Das Ringen um Gleichberechtigung im Grundgesetz

Den Frauen fehlt es weiß Gott nicht an Beteiligungs- und Gemeinschaftswillen. Der Blick in die Geschichte belegt das eindrücklich: Ob während oder nach dem Zweiten Weltkrieg – der unangemessen hohe Einsatz der Trümmerfrauen, die den Kriegsschutt mit ihren eigenen Händen wegräumten, war obendrein noch verbunden mit der Grundversorgung der Bevölkerung mit Lebensmitteln, Kleidung, Möbeln oder Unterkünften.

Nach dem Zweiten Weltkrieg ging es um die Rückgewinnung dessen, was den Frauen im Nationalsozialismus wieder genommen worden war: die Gleichberechtigung in allen Lebensbereichen. Es ging im Nachkriegsdeutschland um mehr als nur das passive Wahlrecht – es ging um Gleichberechtigung im breiten privaten und öffentlichen Verständnis.

Die Siegermächte teilten Deutschland in vier Besatzungszonen auf und beschlossen eine Politik der Entmilitarisierung, Entnazifizierung und Demokratisierung. Wichtig ist festzuhalten, dass Frauen in Deutschland, West und Ost, von Beginn an den Anspruch erhoben haben, »an diesem demokratischen (Wieder-)Aufbauprozess adäquat beteiligt zu werden. Für sie war er ohne eine gleichberechtigte Mitwirkung und Teilhabe der Frauen an allen relevanten gesellschaftlichen Entscheidungsprozessen und ihrer Übernahme von Mitverantwortung im Staat, nicht denkbar.«[9]

---

9 Elke Schüller (2008): Die Frauenbewegung in der BRD, <https://www.bpb.de/gesellschaft/gender/frauenbewegung/

*

Dieser bedeutsame frauenpolitische Aufbruch vollzog sich zunächst durch die Gründung sogenannter Frauenausschüsse, die ab Ende des Jahres 1945 – also noch vor der Wiedergründung von Parteien und vor den ersten freien Wahlen – in den großen Städten entstanden. Das geschah in den drei westlichen Besatzungszonen lokal begrenzt und als überparteiliche Basisbewegung für Fraueninteressen.

Diese Frauenausschüsse verstanden sich als Wiedergründung der alten bürgerlichen Frauenbewegung, die 1933 ihr erzwungenes Ende fand, aber die 1945 noch nicht eingelöste Gleichberechtigung als selbstverständliches Menschenrecht und Grundbedingung für die Demokratie erneut einforderte.

Das besondere Anliegen der Frauenausschüsse war, die Frauen zu politischem Denken und Handeln zu motivieren. Es ging um die aktive Beteiligung der Frauen an der Neuausrichtung des Landes. Dazu brauchte es Wissen, staatsbürgerliche Kenntnisse und demokratische Verfahren durch politische Bildungsarbeit. Das bedingte strikte Überparteilichkeit, von parteilosen und parteigebundenen Frauen. Denn das Ziel war, in Anlehnung an die alte bürgerliche Frauenbewegung, wieder eine große deutsche Frauenorganisation in

---

35275/neuanfang-im-westen> (letzter Zugriff: 25.3.2020). Vgl. auch Isabel Rohner/Rebecca Beerheide (Hg.) (2017): 100 Jahre Frauenwahlrecht: Ziel erreicht! ... und weiter?, Königstein/Taunus: Ulrike Helmer Verlag.

der Tradition des »Bundes Deutscher Frauenvereine« (BDF) zu schaffen.

Ab Sommer 1945 gelangen solche Institutionalisierungsversuche, es entstanden überregionale Verbände. 1949 erfolgte ein weiterer Schritt, gefördert durch die drei westlichen Besatzungsmächte: ein bundesweiter Zusammenschluss in Form des Deutschen Frauenrings (DFR). Ein wirklicher Dachverband der organisierten Frauenbewegung bildete sich im Jahr 1969 in Gestalt des »Deutschen Frauenrats« (DF), der aus dem 1951 gegründeten »Informationsdienst für Frauen« hervorging.

Die alten und neuen Frauenverbände trugen 1949 erheblich dazu bei, dass die Ausarbeitung des Grundgesetzes durch die vier weiblichen Abgeordneten des Parlamentarischen Rats, allen voran Elisabeth Selbert, weiter vorangetrieben wurde.[10] Ihr ist es trotz kaum überwindbarer Widerstände gelungen, mit einem außerparlamentarischen Sturm, einer fast geschlossenen Front der Frauenverbände die Gleichberechtigung im Grundgesetz zu verankern.

*

Wer annimmt, das sei doch selbstverständlich gewesen, ohne es erneut erkämpfen zu müssen, irrt. Weit gefehlt! Dem Parlamentarischen Rat, der das deutsche Grundgesetz vorbereitete, gehörten, wie gerade schon erwähnt, nur vier Frauen an: Dr. Elisabeth Selbert, Frie-

---

10 Vgl. Marianne Feuersenger (1980): Die garantierte Gleichberechtigung. Ein umstrittener Sieg der Frauen, Freiburg/Br.: Herder, S. 49 f.

da Nadig, Helene Weber und Helene Wessel. Und die Chancen, einen schlichten Artikel wie »Männer und Frauen sind gleichberechtigt« durchzusetzen, waren gering. Denn genau dieser Antrag wurde am 5. Oktober 1948 in den Parlamentarischen Rat eingebracht – und abgelehnt.

Die Sozialdemokratin Elisabeth Selbert gab nie auf, blieb kämpferisch. Sie brachte den Satz ein weiteres Mal am 3. Dezember 1948 in die Verhandlungen ein. Auch gegen diesen zweiten Initiativantrag leisteten CDU und FDP zunächst noch Widerstand. Sie unterliegt erneut mit 9 zu 11 Stimmen.

Selbert gelang es daraufhin, eine breite Öffentlichkeit der Frauen trotz unterschiedlicher Weltanschauungen und Parteizugehörigkeiten und ihres unterschiedlichen Verständnisses davon, was Frausein heißt, in der Frage der Rechtsgleichheit zu vereinen. Am 18. Januar 1949, in jener Sternstunde, gewannen die Frauen, dank ihrer starken, unnachgiebigen Persönlichkeiten und ihrer Argumente. Diesmal ging der Antrag einstimmig und ohne Begrenzung der Frauen in ihren staatsbürgerlichen Rechten durch.

Nach zwei verheerenden Weltkriegen mit Millionen Toten, grausamer Vernichtung und Verfolgung wirken die Ergebnisse des Parlamentarischen Rates von 1948/1949 – genannt »Grundgesetz« – wie eine andere Welt, wie ein elementarer, zwingend notwendiger Neuanfang: ein visionärer Entwurf von fest verankerten Grundwerten, Grundrechten und Anspruchsnormen. Ziel ist nicht das Verdrängen und Vergessen der deutschen Schandtaten – der Hass, die Vernichtung, die Eroberungswut, die Zerstörung jener in der

Menschheitsgeschichte hart erkämpften Werte von Lebensschutz, wechselseitigem Respekt, Toleranz und Achtung der Andersartigkeit des anderen.

Es geht vor allem auch um eine Lehre aus der schlimmen Zeit des Nationalsozialismus – darum steht an erster und oberster Stelle der Artikel 1 im Grundgesetz für die Bundesrepublik Deutschland:

»Die Würde des Menschen ist unantastbar. Sie zu achten und zu schützen ist Verpflichtung aller staatlichen Gewalt. Das deutsche Volk bekennt sich darum zu unverletzlichen und unveräußerlichen Menschenrechten als Grundlage jeder menschlichen Gemeinschaft, des Friedens und der Gerechtigkeit in der Welt. Die nachfolgenden Grundrechte binden Gesetzgebung, vollziehende Gewalt und Rechtsprechung als unmittelbar geltendes Recht.«

Es folgen die Grundrechte, Artikel 2 bis 19, die die Gesetzgebung, die vollziehende Gewalt und die Rechtsprechung – Legislative, Exekutive und Judikative – als unmittelbar geltendes Recht binden.

Artikel 3 beinhaltet nicht nur den wichtigen Satz »Alle Menschen sind vor dem Gesetz gleich«[11], sondern auch seinen Abschnitt 2: »Männer und Frauen sind gleichberechtigt«, der im Juni 1994 mit einem Fördergebot erweitert wurde:

»Männer und Frauen sind gleichberechtigt. Der Staat fördert die tatsächliche Durchsetzung der Gleichberechtigung von Frauen und Männern und wirkt auf die Beseitigung bestehender Nachteile hin.«[12]

---

11 Grundgesetz Art. 3 Abs.1.
12 Grundgesetz Art. 3 Abs.2.

*

Dieser erst Anfang der 1990er-Jahre hinzugesetzte Abschnitt war bis dahin der größte frauenpolitische Erfolg der Nachkriegszeit. Artikel 3 in seiner alten Fassung hatte zur Folge, dass alle ihm entgegenstehenden rechtlichen Regelungen und Gesetze bis 31. Dezember 1953 an die Verfassung angepasst werden mussten. Das war ein harter Kampf um die Rechte von Männern und Frauen. Es ging um Zuständigkeiten, um die Verteilung von Macht, um einen Prozess, der von ungleichen zu gleichen Rechten und Pflichten führen sollte. 1953 war aber kaum mit dieser Anpassung begonnen worden. Das ging erst mit dem »Gesetz über die Gleichberechtigung von Mann und Frau auf dem Gebiet des bürgerlichen Rechts« los, das 1958 in Kraft trat, und zog sich bis 1977 zu der Entscheidung, dass Frauen endlich ohne jedes Einspruchsrecht des Ehepartners oder ohne die Drohung, wegen einer Arbeitstätigkeit schuldhaft geschieden zu werden, einer Erwerbstätigkeit nachgehen durften.

Allein der Bereich des Ehe- und Familienrechts zeigt, wie hoch die Mauer des unhaltbaren rechtlichen Mangelzustandes war: Diese umfassende Zuständigkeit des Ehemanns, seine Alleinherrschaft über Frau und Kinder, erschien wie ein Naturrecht, das unveränderbar ist. Manche Jüngeren wissen es vielleicht nicht mehr: Ob Konto, Eigentum, Geschäftsbeziehungen, Vertragsrechte, Erwerbstätigkeit oder eigenes Einkommen, Weiterbildung, Bildungs- und Erziehungsfragen der Kinder – es gab damals wenig gleichberechtigte Entscheidungsbeteiligung für Frauen! Die Letztentscheidung über viele dieser Dinge und Fragen lag bis 1977 hauptsächlich beim Mann. Dieser Machterhalt sollte, wenn eben möglich, nicht beschnitten werden. Die Gleichberechtigung im Namensrecht wurde erst Mitte der 1990er-Jahre realisiert, und erst seit 1997 ist die Vergewaltigung in der Ehe eine Straftat. Aber wie konnte eine solche Ungleichheit an Rechten und Chancen denn so lange erhalten bleiben? Mit unserer Verfassung war sie so nicht zu vereinbaren – und mit den längst gelebten Individualrechten noch weniger.

*

Es ist in all den Jahren und trotz aller sich verstärkenden Widerstände seitens der Frauen anfangs nur eine männliche Minderheit, die ihre Sache mit vertritt. Die Ansichten vom Anderssein von Mann und Frau haben eine erstaunliche Überlebensdauer. Sie stellten oft eine Mischung von subjektiven Erfahrungen und irrationalen, empirisch nicht haltbaren Thesen dar. Ideologien und Verabsolutierungen erweisen sich selbst unter Akademikerinnen und Akademikern oft als erwiesene Tatsachen. Sehr anschaulich ist dies zum Beispiel an der bis heute hartnäckig vertretenen These zur vorrangigen Stellung der Mutter, ihrer Bedeutung und Rolle für die Entwicklung des Kindes in den ersten Lebensjahren.

Die Hauptschlacht in dieser Frage findet in den 1970er-Jahren statt, als es um die Betreuung der Kleinstkinder im Alter von null bis drei Jahren durch Tagesmütter geht – Schweden galt hierfür als Vorbild. Gravierendste Schädigungen des Kindes werden vorausgesagt. Die Diskussion hat sich danach zwar beruhigt, aber bis zu einem realistischen Lösungsansatz dauert es noch über 30 Jahre! Erst 2013 wurde für 30 Prozent der Null- bis Fünfjährigen eine öffentliche beziehungsweise private Kinderförderung und -betreuung ermöglicht.

Frauen haben immer schon das Prinzip des »Multitaskings«, der flexiblen, gleichzeitigen Aufmerksamkeit und Tätigkeit praktizieren müssen: Hausarbeit, Familien- und Kinderarbeit sowie berufliche Erwerbsarbeit. Diese mehrfache, oft auch geteilte Aufmerksamkeit wird ihnen nicht selten zum Vorwurf gemacht. Es fehle ihnen angeblich an der Fähigkeit zu einseitig hoher Konzentration bei Aufgaben, die eine Spezialisierung erfordern. Ihr Anderssein wird nicht als Vorteil, sondern als Nachteil eingeschätzt, aber dennoch wird genau das, was ihnen zum Nachteil gereicht, von ihnen abverlangt.

Wichtig ist mir, dass die auch hier wiederholten vermeintlichen Vor- und Nachteile im Verhalten von Frauen und Männern mit ihren alten Stereotypen aufgedeckt werden. Dazu hat die Frauenforschung Entscheidendes beigetragen und vieles als falsch entlarvt.[13] Wir müssen verstehen: Hinter alten und neuen Stereotypen stecken handfeste Interessen und funktionale Begründungen.

Frauen haben sich selbst aus Abhängigkeit, Unterdrückung und eingeschränkten Handlungsmöglichkeiten befreit, und das bereits in der sogenannten Vormoderne. Sie haben sich aus der Marginalisierung herausbegeben, den Ausschluss von gehobenen Be-

---

13 Vgl. Ilse Lenz (Hg.) (2010): Die Neue Frauenbewegung in Deutschland. Abschied vom kleinen Unterschied. Ausgewählte Quellen. 2. Aufl., Wiesbaden: VS Verlag für Sozialwissenschaften.

rufen wie Rechtswissenschaft, Medizin, Lehr- und Forschungstätigkeiten überwunden. Sie haben sich zunächst in die Vorhöfe der Bildung begeben, wo sie offen oder versteckt, legal oder illegal ihre Lehr- und Entwicklungsfähigkeit unter Beweis gestellt haben. Auf diese Weise erlangten sie auch Schul- und Hochschulzugänge. Selbstbildung – ein Wort von Alexander von Humboldt – hat für Frauen einen hohen Stellenwert.

Frauen übernahmen immer schon zentrale Aufgaben überall dort, wo in Krisen und Notsituationen zupackende Unterstützung gebraucht wurde, ohne viele Worte, ausgleichend.

*

Zu oft werden Frauen auch heute nach der Maxime eingesetzt, dass sie es schon richten werden. Sie stehen nicht für Absage, nicht für Protest, sondern für ihre oft unter Beweis gestellte Bereitschaft, das schier Unmögliche doch möglich zu machen, zeitlich und fachlich. Bis es zum Nein, der Absage oder Aufkündigung der bisherigen Leistungen kommt, muss ihnen ein Übermaß an Unzumutbarem zugemutet worden sein. Bei größerer Wertschätzung, Anerkennung, auch Bezahlung und Berücksichtigung ihrer sonstigen Leistungen in Notlagen würden wir ihr Engagement eher erhöhen als reduzieren. Frauen haben gelernt, verlässlich und stabilisierend zu sein. Frauen haben Ideen und Problemlösungen parat, die oftmals nicht ins System passen und abgelehnt werden als nicht im System vorgesehen.

Zu lange wurde gegenüber Frauen die unerhörte Devise vertreten, dass zu viel Eigenverantwortung problematisch sei. Was für eine Verkehrung der Realität!

Gerade diese selbstverständliche Eigenständigkeit hat Frauen die Emanzipation ermöglicht und sie befreit aus der verordneten Unmündigkeit.

Die öffentliche, besonders die staatliche Förderung der Frauen erfolgte nicht präventiv, sondern reaktiv. Genutzt hat sie beiden, den Frauen und der Gesellschaft insgesamt.

*

Unmittelbar nach dem Zweiten Weltkrieg kam es zu einem bedeutsamen frauenpolitischen Aufbruch, der das Bild starker Frauen vermittelte, die mit unkonventionellen, spontanen Lösungen offiziell geduldet, nicht anerkannt, aber dringend gebraucht wurden. Was im Grundgesetz 1949 gelungen ist, verdanken wir den vier Frauen im Parlamentarischen Rat und den mit ihnen eng verbundenen außerparlamentarischen Frauenverbänden sowie autonomen Feministinnen und wenigen einflussreichen Männerstimmen.

Nach diesem großen Durchbruch folgten, wie vorgesehen, das »zahnlos gewordene Gleichstellungsgesetz« von 1958 und eine erneut lange Zeitstrecke »einer restaurativen Familien- und Geschlechterpolitik« in der Bundesrepublik Deutschland.[14] Denn von vielen Seiten hieß es immer noch: »Gleichwertigkeit ja, aber Gleichberechtigung nein.« Auch ein Teil der konservativen Frauen war mehr für Gleichwertigkeit und weniger für Gleichberechtigung.

---

14 Gisela Notz (2012): Die Geschichte der Frauenbewegungen in Ost- und Westdeutschland, in: Zeitschrift für sozialistische Politik und Wirtschaft, Heft 188.

2.4 Die emanzipatorisch-gesellschaftliche Bewegung der Bundesrepublik

Der totale Zusammenbruch Deutschlands am Ende des Zweiten Weltkriegs, der Weg von der dämonischen Eroberung, Unterdrückung und Vernichtung durch das Dritte Reich endete in der Zerstörung und Ohnmacht Deutschlands. Schlimmer noch als die Zerstörung des Landes war die Zerstörung der Sinn- und Wertewelt. Bei aller Erschöpfung und Verzweiflung gab es noch ein Hoffen, nach der Befreiung den Überlebenswillen, den Aufbau eines anderen Deutschlands, motiviert und inspiriert durch jene, die im Widerstand überlebt hatten. Sie wurden maßgeblich unterstützt von jenen, die für Deutschland trotz aller Gräuel eine Zukunft im Blick hatten, die als Sieger, vielmehr als Befriedende, eine neue Lebensordnung forderten und mit Nachkriegsdeutschland erste Schritte als möglichem und tatsächlichem Verbündeten wagten. Der Grundgedanke war – bei allen Eigeninteressen der Alliierten – ein konstruktiver, verbindender, für das Handeln entscheidender, männlicher Wiederaufbau. Und: Nie wieder Hitler-Deutschland!

1955 warnte Hannah Arendt uns in »Elemente und Ursprünge totaler Herrschaft« vor einer Vision, die die Risiken des Wiederaufflammens und der Rückkehr von Gewalt und Krieg barg, von Rassismus und Antisemitismus, von der Unterdrückung Andersdenkender und -lebender, was aus ihrer Sicht nicht ausgeschlossen werden könne. Dennoch war die erste Periode nach dem Zweiten Weltkrieg in Deutschland bestimmt vom Wiederaufbau und friedlichen Zusammenleben, mit damals 14 Millionen (!) Flüchtlingen.

Notwendigerweise brauchte diese Zeit auch Umerziehung und Aufklärung und das Wissen über die zerstörerische Ideologie, die uns vergiftet hatte. Dieser Neuanfang mit dem Aufbau demokratischer Strukturen, mit grundlegenden Menschenrechten und Verpflichtungen, mit der Verankerung der sozialen Marktwirtschaft als Grundlage und Sicherung eines sozialen und ethischen Zusammenlebens war ein großes Glück und spielte eine zentrale Rolle.

Aber es gab noch nicht die rebellierenden Fragen nach der Rolle und dem Verhalten der Erwachsenen im Dritten Reich, ihrem Widerstand, ihrer Zurückhaltung und ihrem Mitmachen. Das heißt, die Fragen gab es schon, aber sie wurden noch nicht laut und vernehmbar öffentlich gestellt. Der Alltag dominierte das Denken mit seiner Rückkehr zur »Normalität«. Doch es rumorte.

Studentischer Aufruhr wurde zunächst als Rebellion von Minderheiten wahrgenommen, die es zu bändigen galt. Aber er entwickelte sich zum politischen Protest einer an Aufklärung interessierten, heranwachsenden Generation, die nicht länger ruhig gehalten werden wollte. Dieser Drang, wissen zu wollen, wer wir sind und wer wir waren, rechtfertigte keine Gewalt, aber auch keine Maßnahmen, ihn zum Schweigen zu bringen. Es galt, die jungen Menschen anzuhören, sie fragen zu lassen und zu antworten nach jahrelangem Schweigen. So habe ich es selbst als Studentin und Assistentin erlebt.

So erwacht die Befassung mit sich selbst, mit der Identität, mit der Selbsterkenntnis und mit der Selbstbestimmung – also Emanzipation von vorgegebenen Satzungen, den Normen – und den daraus resultierenden Verpflichtungen. Das betraf alle – auch die vermeintlich so geschätzten »braven« Frauen, denen oft der Dienst am und an den »anderen« wichtiger war als das »Ich« und für die Duldung und Aufopferung eine gelebte Normalität waren.

*

Doch in dieser Sichtweise stecken auch Irrtümer: Das Leiden der Frauen an Geringschätzung und an Fremdbestimmung, daran, nicht selbst entscheiden zu können und nicht gefragt, nicht beteiligt und gebildet zu werden, ist kein unentrinnbares Schicksal. Als Vertreterin des »Aktionsrats zur Befreiung der Frauen« thematisierte Helke Sander in Frankfurt 1968 auf der Delegiertenkonferenz des Sozialistischen Deutschen Studentenbundes (SDS) die Probleme der Frauen, besonders der Mütter. Als die SDS-Führer nach ihrer Rede ohne weitere Diskussion in der Tagesordnung fortfahren wollten, bewarf die SDS-Angehörige und feministische Aktivistin Sigrid Rüger sie aus Protest mit Tomaten. Schlagartig wurden damit die Kritik und Forderungen der Frauen medial bekannt.

Ohne Aufruhr, ohne Ärger wie 1971, als wieder eine Minderheit von entschiedenen Frauen sich mit Alice Schwarzer laut in die Öffentlichkeit begab, wäre es nicht zu der Emanzipationsbewegung gekommen, wie wir sie heute kennen. In der Zeitschrift Stern hatte Schwarzer mit 374 prominenten und nicht prominenten Frauen zum Protest gegen das Verbot von Abtreibungen in § 218 StGB aufgerufen. Außerdem forderten die Frauenbewegungen mehr Rechte, mehr Bildungs- und Mitwirkungsbeteiligung. In vielen Städten verbündeten und versammelten sie sich, um in Gesprächskreisen und Aktionen über Fragen der Selbstorganisation, Erwerbstätigkeit, Funktion der Familie und Sexualität zu sprechen. Sie wollten endlich ernst genommen werden, nicht länger als ohnmächtig gelten und widerstandslos vor sich hinleben. Sie wollten weg von der Defizitbetrachtung ihres Geschlechts, hin zu ihren eigenen Stärken, Fähigkeiten, und sie wollten etwas bewegen.

*

Frauen professionalisierten sich mit ihren Themen in Verbänden, Kirchen, Gewerkschaften und politischen Parteien. Ab 1979 etablierten sich Frauen- und Gleichstellungsbeauftragte in Städten und Gemeinden sowie in staatlichen Institutionen. Der »Deutsche Frauenrat« wurde zur Dachorganisation der etablierten Frauenverbände in Deutschland und vertrat diese in der Welt. Schon während der Wiedervereinigung 1989 tauschten sich ost- und westdeutsche Gruppen intensiv über ihre Kernanliegen aus, die immer öfter nicht mehr als Frauenanliegen, sondern als Geschlechterfragen definiert waren. Vor allem das Abtreibungsverbot in § 218 war eine Fremdbestimmung der Gebärfähigkeit von Frauen. Zwischen 1975 und 1995 erinnere ich mich an zahlreiche denkwürdige Parlamentsdebatten über weltanschauliche, religiöse und rechtliche Fragen, die unlösbar zu sein schienen. Der Konflikt um Abtreibung und körperliche Selbstbestimmung wurde zum Leitmotiv des politischen Engagements der Frauen in der Zivilgesellschaft. Die dringende Notwendigkeit einer Neuregelung war offenkundig. Erst nach 25 Jahren und zwei Interventionen des Bundesverfassungsgerichts gegen eine reine Fristenregelung – wie sie damals in der DDR galt – konnte der deutsche Bundestag 1995 mit großer Mehrheit die Straffreiheit für Abbrüche innerhalb der ersten zwölf Wochen unter Nachweis einer Schwangerschaftskonfliktberatung verabschieden (allerdings übernehmen die Krankenkassen die Kosten für den Eingriff nicht).

Das Neue in dieser Zeit war, dass sich nicht mehr nur Studentinnen, sondern auch Hausfrauen, Mütter und berufstätige Frauen engagierten. Es gab Gruppen, in denen sich Juristinnen, Lesben, Friedensaktivistinnen und viele mehr trafen, um für Geschlechterdemokratie zu kämpfen. Und trotz des weiten Weges von der 68er-Bewegung bis heute, ist es ihnen gelungen, Kraft ihrer Fähigkeiten und ihrer Beharrlichkeit viele politische Forderungen durchzusetzen – wenn auch beileibe nicht alle, die echte Gleichberechtigung voraussetzen würden.

2.5 EXKURS:
»Vom Käfig zum freien Flug« –
Der Beitrag der Frauen in Kunst und Kultur[15]

Es mag ein wenig befremden, dass ich als politische Frau hier ein Beispiel für Gleichberechtigung wählen möchte, das einem anderen Feld entspringt: der Kunst. Aber die Frage gleicher Rechte in der Gesellschaft allgemein hat so viele erhellende Parallelen mit den Entwicklungen in der bildenden Kunst, dass mir dieser Exkurs sehr wichtig ist.

Es war eine Gruppe von Frauen im Deutschen Bundestag, die die Idee an den Kunstbeirat herantrugen, zum 100. Jahrestag der Einführung des aktiven und passiven Frauenwahlrechts 20 Künstlerinnen für eine Ausstellung zu gewinnen, die diesem Thema gewidmet ist.

Wie aktuell diese Fragen für Künstlerinnen noch immer sind, zeigte diese Ausstellung, die im Januar 2019 eröffnet wurde: 19 Künstlerinnen, denen freigestellt war, welchen Aspekt sie herausgreifen würden, und – davon unabhängig – die Schweizerin Serpentina Hagner, die mit einer Graphic Novel zur Geschichte des Frauenwahlrechts beauftragt wurde. Ich habe die heitere und zugleich hoch symbolische Titelillustration mit dem geöffneten Vogelkäfig nicht zufällig für den Umschlag dieser Publikation gewählt. Die Comic-Erzählung »Kurze Entstehungsgeschichte einer Selbst-

---

15 Dieser mir wichtige Exkurs ist mit Kristina Volke und Claudia Bierhoff in Vorbereitung der Künstlerinnen-Ausstellung »100 Jahre Frauenwahlrecht« entstanden.

verständlichkeit – 100 Jahre Frauen-Wahlrecht« schildert die Anfänge der Frauenbewegung in der Weimarer Republik, den Rückschlag durch die verheerenden Folgen der nationalsozialistischen Terrorherrschaft und die Entwicklungen in beiden deutschen Staaten. Es ist, das kann man in Serpentina Hagners Werk wunderbar pointiert nachvollziehen, trotz aller Rückschläge eine Erfolgsgeschichte. Dass trotzdem viele Fragen offen und Aufgaben zu lösen bleiben, zeigen die weiteren künstlerischen Statements, von denen mich zwei besonders beeindruckt haben:

Carina Linge etwa, eine junge, in Leipzig lebende Fotografin, wählte für die Ausstellung ein Werk aus einer großen Serie, in der sie ihre Künstlerkolleginnen – Malerinnen, Fotografinnen, Bildhauerinnen – als Männer in Szene setzte. Anknüpfend an die Rollen der Commedia dell'arte, jener spezifischen Tradition des italienischen Volkstheaters, zeigte sie den »Harlekin«, den Soldaten »Il Capitano«, den »Dottore«, den »Pantalone« oder aber die Figur des »Scaramouche«, der einst den Typus des neapolitanischen Abenteurers und Aufschneiders, des »Großmauls« darstellte und am schwarzen Anzug und der Gitarre zu erkennen ist. Viele Rollen der Commedia dell'arte verkörpern auf die eine oder andere Art Narren und weckten aus diesem Grund das Interesse der Künstlerin: »Narren hielten dereinst ihren Herren, aber auch der Gesellschaft den Spiegel vor. Für sie galt keine Regel, sie neckten und warnten vor gefährlichen Abwegen. Zugleich beförderten sie die Selbsterkenntnis, indem sie fragwürdige Gewohnheiten unterhaltsam vor Augen führten.«

Carina Linge verknüpfte diese den Narren zugeschriebenen Eigenschaften mit dem Bild von Künstlern, denen im Laufe der Jahrhunderte ähnliche, die Selbsterkenntnis befördernde Eigenschaften und Fähigkeiten zugesprochen wurden: »Im aktuellen Zeit-(Kunst-)Geschehen übernehmen nicht selten einzelne Künstler diese Rolle – oder sie lassen ihre Werke sprechen. Künstlerinnen haben es in diesem Feld noch schwerer als ihre männlichen Kollegen – patriarchalische Machtstrukturen, ein männlich geprägter Geniekult, Vorurteile, institutioneller Sexismus – man könnte vieles aufzählen. Vor diesem Hintergrund habe ich Künstlerinnen als Närrinnen in psychogrammartigen, arrangierten Bildkompositionen porträtiert. Die Figurentypen der ›Commedia dell'arte‹, auf die ich zurückgegriffen habe, ließen mir den Raum, nicht nur vordergründig auf diese Missstände hinzuweisen, sondern in Form von ›aufgeladenen Rollenbildnissen‹ auch die persönlichen Geschichten, Emotionen und Gedanken der porträtierten Künstlerinnen durchscheinen zu lassen. [...] 100 Jahre Frauenwahlrecht ist ein freudiger Anlass, der jedoch nicht darüber hinwegtäuschen darf, dass die Gleichberechtigung von Mann und Frau bei der Ausübung aller wirtschaftlichen, sozialen, kulturellen, bürgerlichen und politischen Rechte noch lange nicht sichergestellt ist.«

Auch Sara Nabil, eine aus Afghanistan stammende Künstlerin, wurde mit einem Werk für die Ausstellung beauftragt. Unter dem Titel »We, the symbolic actors!« griff sie das Thema Frauenwahlrecht direkt auf. Die Fotografie zeigt die Künstlerin in einem Selbstbildnis vor dem persischen Schriftzeichen für das Wort »Ich«.

Einzelne Teile der Kalligrafie sind mit blauem Faden bestickt, drei Nadeln hängen daran herab. Sie symbolisieren die traditionellen Tätigkeiten und zugleich das Rollenverständnis der Frau in ihrem Heimatland. »Ich wählte zum ersten Mal im Jahr 2014, gerade, dass ich 20 Jahre alt geworden war. Die ersten Jahre meines Lebens waren vom Krieg geprägt. Unter der Herrschaft der Taliban galten Frauen nicht als Menschen. Mit meiner Stimmabgabe wollte ich endlich selbst über das Schicksal meines Landes mitentscheiden und die Ungleichheit zwischen Männern und Frauen beenden. Aber ich musste erkennen, dass das Frauenwahlrecht lediglich symbolisch, nicht jedoch faktisch existierte. Sehr viele Frauen haben sich an der Wahl beteiligt, aber es waren ihre Männer oder Brüder, die für sie die Wahlentscheidung getroffen hatten, nicht sie selbst. Das System verwehrt ihnen diese Chance bis heute. Das Frauenwahlrecht in Afghanistan existiert seit einem halben Jahrhundert. Es ist jedoch nur ein Feigenblatt für eine Pseudodemokratie [...]. Die Frauen mit ihren Wünschen und Vorstellungen bleiben nach wie vor auf der Strecke. Aber wir wollen keine symbolischen Akteure mehr sein.« Sara Nabil versteht sich als politische Künstlerin: »Kunst ist meine Waffe, damit ich Freiheit, Frieden, Gleichberechtigung erreichen kann.« Sie begann als Jugendliche in ihrem Heimatland mit Installationen und Fotografien, suchte Kontakt zu anderen Künstlerinnen und Möglichkeiten auszustellen. 2014 wird sie Zeugin, wie bei einem Selbstmordanschlag in einem Hörsaal an der Kabuler Universität ein befreundeter Fotograf ums Leben kommt. Ein Jahr später nutzt sie eine Einladung zu einem Symposium in den Niederlanden, um in Deutschland um politisches Asyl zu bitten. Seitdem studiert sie an der Hochschule für Gestaltung in Offenbach Kunst. Bei ihrer ersten Ausstellungsbeteiligung in Wiesbaden zeigte sie 16 Porträts geflüchteter Frauen, bei ihrer ersten Einzelausstellung im Jahr 2018 Installationen und Videos, die die Erinnerung an ihre Heimat mit aktuellem Zeitgeschehen verbinden. Ihr Anspruch ist klar: »Ich mache mit meiner Kunst Politik.«

Sara Nabil und Carina Linge stellen zwei Pole einer breiten Bewegung dar, in der sich Künstlerinnen selbstbewusst als Akteurinnen einer gesellschaftlichen Debatte verstehen und Ansprüche formulieren. Dazu gehört, um ein weiteres Beispiel zu nennen, auch die feministische Künstlerinnengruppe »Guerrilla Girls«, die anlässlich ihres 30-jährigen Bestehens den Fortschritt der letzten Jahrzehnte untersuchte und resümierte: 1985 hatte es nur eine Künstlerin geschafft, eine Solo-Ausstellung in den vier größten New Yorker Museen zu erhalten. 2015 waren es fünf Künstlerinnen. In den großen Berliner Museen waren 2017 von 13 Einzelausstellungen zeitgenössischer Kunst nur drei Frauen gewidmet.

Dies sind nur drei von vielen Beispielen, die vor allem eines zeigen: Veränderungen kommen auch in der Frauenkunstszene immer noch sehr langsam voran.

»Warum hat es keine bedeutenden Künstlerinnen gegeben?« lautet der Titel eines Essays der amerikanischen Kunsthistorikerin Linda Nochlin aus dem Jahr 1971. Es ist ein wegweisender Gründungstext für die feministische Kunstgeschichte, die – wie die Frauenbewegung auch – in den 1970er-Jahren ihren Anfang nahm.

Gemeinsam mit Ann Sutherland Harris erarbeitete sie einen Katalog zu einer äußerst erfolgreichen Ausstellung im New Yorker Brooklyn Museum: »Woman Artists« – und bereitete so das Terrain für eine Forschungsrichtung, die endlich den Blick auf Kunst richtete, die nicht von Männern stammte. Das klingt absurd?

»Es gibt keinen Erfolg ohne Frauen«, schrieb Kurt Tucholsky unter seinem Pseudonym Ignaz Wrobel am 29. Dezember 1931 in der »Weltbühne«.

Der Erfolg der Frauen stellt sich in der Kunstgeschichtsschreibung jedoch von Beginn an als männlich dominiert dar. Frauen waren die Begleiterinnen der Männer, manchmal ihre Musen, ihre Gehilfinnen, die Korrektorinnen und Schreibhilfen. Aber selbst Künstlerinnen? Noch heute gilt: Galeristen, Juroren, Museumsleiter und Kustoden – hauptsächlich Männer. Die meisten der Schalt- und Entscheidungspositionen des Kunstbetriebs sind in Männerhand. Es sind Männer, die durch den Ankauf, durch das Ausrichten von Einzelausstellungen, durch die Vergabe von Preisen und Stipendien und durch Publikationen erheblich über Qualität, Relevanz, Marktwert und Fortbestand eines Œuvres befinden – daran hat sich bis heute wenig geändert. Während der Anteil weiblicher Studierender in Kunst und Kulturwissenschaften steigt, lag der Frauenanteil in der Leitung von Kunsthochschulen bis zum Jahr 2014 unter fünf Prozent, wie eine Langzeitstudie des Deutschen Kulturrates »Frauen in Kultur und Medien« zeigt.

1971 erbrachten Nochlin und Harris den Nachweis, dass es bereits seit dem Spätmittelalter Künstlerinnen gab, die jedoch von der Mehrheit der Kunsthistoriker unterschlagen wurden. In ihrem Aufsatz nahm Linda

Nochlin eine strukturelle Analyse der sozialen Verhältnisse im Kunstbetrieb vor, die für das Fehlen von ebenbürtigen »Meisterinnen« neben männlichen Künstlern verantwortlich waren. Hier ging es um ausbildungstechnische, künstlerische und karrieristische Ausschlussmechanismen. Genau diese, schreibt Nochlin, hätten den Mythos des genialen Künstlers hervorgebracht.

Der Weg einer begabten Künstlerin begann um 1900 mit dem Ringen um den Freiraum, überhaupt einer selbstständigen künstlerischen Tätigkeit nachgehen zu können, sowie um Ausbildungs- und Arbeitsmöglichkeiten. Während das gesellschaftliche Selbstverständnis noch dem bescheidensten künstlerischen »Genie« eines Mannes Respekt und Anerkennung zollte, mussten Künstlerinnen gegen Ignoranz, Unverständnis, gesellschaftliche Ablehnung kämpfen und nach Professionalität streben. Für sie gab es keine Förderung, keiner ermutigte sie, es gab keine Vorbilder, keine Belohnung.

Künstlerische Fähigkeiten wurden ihnen schlicht abgesprochen, und vom gesellschaftlichen System waren sie ausgeschlossen. Schlechte Kunst wurde als »weiblich« bezeichnet, gute Kunst von Frauen als »männlich« charakterisiert. Diese ignorante und arrogante Sichtweise hat eine hässliche Tradition! Der Schriftsteller und Akademiegründer Edmond de Goncourt, der Vater des jährlich verliehenen Prix Goncourt, war der Meinung, »dass es keine genialen Frauen gibt und dass, wenn sie Genie zeigen, ein Betrug der Natur vorliegt, insofern sie Männer sind«. Der einflussreiche Architektur- und Kunstkritiker Karl Scheffler äußerte 1907: »Nur der Mann sei fähig, selbstständige Meisterwerke zu schaffen. Die Frau sei eine geborene

Dilettantin, die als Künstlerin ihre einheitliche Natur verleugne und männisch werden müsse.«

Mit seiner Karikatur »Malweiber« brachte es der Zeichner Bruno Paul 1901 im »Simplicissimus« auf den Punkt: »Sehen Sie Fräulein, es gibt zwei Arten von Malerinnen, die einen möchten heiraten und die anderen haben auch kein Talent.« Selbst Paula Modersohn-Becker, Käthe Kollwitz oder Sabine Lepsius – Frauen, die trotz der gesellschaftlichen Widerstände eine künstlerische Ausbildung abgeschlossen hatten – wurden despektierlich als »Malweiber« tituliert.

Die feministischen Bewegungen, der politische Kampf um Frauenrechte und die Position der Künstlerinnen im 20. Jahrhundert sind eng miteinander verflochten, haben viele Parallelen und bedingen einander. Von der Einforderung des Wahlrechts und einer damit verbundenen Teilhabe an der politischen Macht über gleichwertige Ausbildungsmöglichkeiten für Frauen bis hin zu einem Verlust des ursprünglichen Rollenverständnisses erstreckt sich ein langer Prozess. Frauen mussten um ihren Platz kämpfen – auch in der Kunst, die stark akademisch und vor allem männlich geprägt war. Um eine Künstlerin werden zu können, mussten Frauen auf private »Malklassen für Damen« ausweichen, deren Schülerinnen ganz offiziell »Dilettantinnen« hießen. Dies war für die jungen Frauen ein teures Unterfangen, da sie neben den Lehrgebühren auch die Kosten für Modelle, Material und Exkursionen aufbringen mussten, während Männer auch ohne finanziellen Hintergrund Unterricht an den akademischen Kunsthochschulen erhalten konnten. Gesellschaftliche Erwartungen und das gängige Klischee, doch nur auf der Suche nach einem

Ehemann zu sein, entmutigten viele Frauen. Eine der ersten Ausnahmen von der eingeübten Regel entstand in Paris, dem Sehnsuchtsort vieler deutscher Künstlerinnen, wo es um 1900 bereits eine akademische Frauenmalklasse gab. In Berlin richtete man einen solchen Ausbildungsort erst 1919 nach der Novemberrevolution an der Hochschule der Bildenden Künste ein.

Auch die Geschichte des Bauhauses war in der öffentlichen Wahrnehmung über Jahrzehnte eine Geschichte von Männern. Erst langsam wandelt sich das Bild, gerade erscheinen Filme und Bücher, die sich explizit den Künstlerinnen des Bauhauses widmen. Wer vom Bauhaus spricht, denkt in erster Linie an Walter Gropius, Paul Klee, Wassily Kandinsky oder Mies van der Rohe. Diese Namen sind einem breiten Publikum bekannt, während Frauen wie Gunta Stölzl – im Kreis der Lehrenden die einzige Frau – oder die Bauhaus-Künstlerinnen Benita Koch-Otte, Marianne Brandt und die Fotografin Lucia Moholy bis heute kaum Aufmerksamkeit finden.

Dabei hatten sich viele junge Frauen, bestärkt durch das gerade erworbene Frauenwahlrecht, um eine Aufnahme am Bauhaus beworben. 1919 hatte der Gründer Walter Gropius in seinem Programm für das Staatliche Bauhaus Weimar angekündigt, jede »unbescholtene Person ohne Rücksicht auf Alter und Geschlecht« aufzunehmen. Im ersten Semester bewarben sich so viele Frauen, dass der Direktor Walter Gropius befürchtete, die Assoziation mit den Künstlerinnen könne dem Renommee der Schule schaden, schreibt Ulrike Müller in ihrem Buch »Bauhaus-Frauen«. Antja Stahl konkretisierte in der Neuen Zürcher Zeitung: Frauen sollten 180

Mark Studiengebühren bezahlen, das waren 30 Mark mehr als die der Männer. Bereits 1920 wurde die Weberei zur Frauenklasse erklärt, Studentinnen wurden in die sogenannte Flächenkunst abgedrängt. Anstrengungen, in der freien Kunst, den Metallwerkstätten, der Töpferei und Architektur zu reüssieren, scheiterten infolge dieser Angst des »starken« vor dem »schönen Geschlecht«, wie Walter Gropius einmal sagte, der angeblich keinen Unterschied zwischen beidem machen wollte. Aber schon seine Wortwahl ist entlarvend.

Das abrupte Ende für die künstlerische Freiheit

Nach der Machtergreifung der Nationalsozialisten fanden viele Karrieren von bedeutenden Künstlerinnen ein jähes Ende. Die Nationalsozialisten diffamierten die Werke von Künstlerinnen, die ihrem Kunstideal nicht entsprachen, als »entartet«. Darunter fielen unter anderem Paula Modersohn-Becker und Käthe Kollwitz. 1933 erhielten viele Bauhaus-Frauen Berufsverbot, die meisten flohen ins Exil, sechs von ihnen wurden in Konzentrationslagern ermordet, unter ihnen Friedl Dicker-Brandeis, die im Oktober 1944 im KZ Auschwitz-Birkenau starb, Hedwig Dülberg-Arnheim wurde im Oktober 1943 nach Auschwitz deportiert und ermordet, Lotte Menzel wurde 1944 mit ihrer Tochter in Toulouse verhaftet und über das Sammellager Drancy am 31. Juli 1944 nach Auschwitz deportiert und dort ermordet. Alice Glaser wurde in einem der Transporte aus Berlin zwischen November 1941 und Januar 1942 in das Ghetto Riga deportiert und dort ermordet. Auch Otti Berger, eine kroatische Designerin, wurde aufgrund ihrer jüdischen Abstammung im April 1944 mit ihrer Familie nach Auschwitz deportiert und dort ermordet. Zsuzska Bánki, Architektin am Bauhaus, wurde ebenfalls mit ihrem Ehemann und ihrer Mutter nach Auschwitz deportiert und ermordet.

Das NS-Regime und der Zweite Weltkrieg führten dazu, dass ihre Arbeiten aus Museen, Galerien und der Kunstgeschichte verschwanden. Die hochbegabte jüdische deutsche Malerin Lotte Laserstein emigrierte, nachdem sie aus dem öffentlichen Kulturbetrieb ausgeschlossen wurde, 1937 nach Schweden. Die Malerin Anita Rée, die ebenfalls aus einer jüdischen deutschen Familie stammte, wurde, obwohl sie zum evangelischen Glauben konvertiert war, von der NSDAP derart drangsaliert, dass sie Selbstmord beging. Andere Künstlerinnen zwang der eingebrochene Kunstmarkt ins Exil, wo sie meist nie mehr an ihre frühere künstlerische Karriere anknüpfen konnten. Nur wenigen gelang es, nach ihrer Emigration erneut Fuß zu fassen. Die meisten Künstlerinnen gerieten in Vergessenheit – und mit ihnen ihre Werke, die noch kurz zuvor die deutsche Kunstlandschaft geprägt und in die Moderne geführt hatten.

In den Nachkriegsjahren kehrten einige Künstlerinnen nach Deutschland zurück. Nicht wenige von ihnen entschieden sich jedoch dafür, im Land ihrer Emigration zu bleiben. Adornos berühmter Satz, dass Dichtung nach Auschwitz nicht mehr möglich sei, lässt sich auch auf die bildende Kunst anwenden. Der Zweite Weltkrieg war für Deutschland nicht nur eine menschliche und soziale Katastrophe, er griff auch tief in das künstlerische Geschehen ein. Neben der Emigration hatte die Zerstörung zahlreicher, vor allem jüdischer

Privatsammlungen und die Verfemung der gesamten modernen, vor allem expressionistischen Kunst zu einem dramatischen Bruch in der deutschen Kunstgeschichte geführt.

Ein schwieriger Neuanfang

Nach dem Ende des Nationalsozialismus und der mit ihm verbundenen Kunstideologie stand auch die bildende Kunst vor einem Neuanfang, der durch die Teilung Deutschlands allerdings zu unterschiedlichen Entwicklungen führte – auch für die Frauen:

In der Bundesrepublik suchten die Künstlerinnen nach neuen Ansätzen, sie wollten an die internationale Moderne anknüpfen. Dabei orientierten sie sich an den Kunstszenen in den USA und Frankreich. Christiane Maether, die Konzeptkünstlerinnen Dorothee von Windheim und Hanne Darboven, Anna Oppermann, Rebecca Horn, Katharina Sieverding und Isa Genzken, erlangten nationale und internationale Anerkennung. Eine Selbstverständlichkeit waren erfolgreiche Künstlerinnen jedoch noch lange nicht – weder auf dem Kunstmarkt, noch in den Museen.

Auch in der DDR suchten Künstlerinnen nach eigenen Wegen. Hier machte weder das Studium an den Kunstschulen noch der Berufsverband für bildende Künstler einen Unterschied zwischen den Geschlechtern. Internationale Anerkennung wie ihre westdeutschen Kolleginnen erlangten aber nur die wenigsten. Der Aufbruch der Künstlerinnen hier geschah, anders als im Westen, nicht vor dem Hintergrund eines feministischen Diskurses, sondern aus dem Bedürfnis der Auflehnung heraus – nicht nur gegen die männlich dominierte Kunst und Gesellschaft, sondern auch gegen den sozialistischen Staat und seine Einschränkungen im Alltagsleben. Statt der von ihnen erwarteten heroischen Botschaften entwickelten sie neue Menschenbilder, die sich eher an ihrem privaten Erleben, eher an ihrem weiblichen Blick und Zugang zur Welt als an den staatlichen Vorgaben für eine sozialistische Gestaltung orientierten. Dabei arbeiteten die Künstlerinnen genau wie ihre männlichen Kollegen unter erschwerten Bedingungen: überschattet von einer rigiden Kulturpolitik, die mit Berufsverbot, Bespitzelung und, im äußersten Falle, sogar mit Ausbürgerung operierte. Für freischaffende Künstlerinnen war eine Mitgliedschaft in dem 1950 gegründeten Verband Bildender Künstler (VBK) der DDR Voraussetzung dafür, dass ihr beruflicher Status als Künstlerin anerkannt wurde, dadurch erst erhielten sie die Möglichkeit, ihre Arbeiten in Galerien verkaufen oder öffentliche Aufträge annehmen zu können. Gabriele Stötzer zum Beispiel war in den 1970er-Jahren wegen Aufbegehrens gegen die Obrigkeit für ein Jahr im Zuchthaus Hoheneck inhaftiert. Annemirl Bauer litt viele Jahre unter dem Ausschluss aus dem VBK und erhielt keine Aufträge mehr, mit denen sie verlässlich hätte Geld verdienen können. Das sind nur zwei von vielen Beispielen.

Der Durchbruch zu Anerkennung und paritätischer Beteiligung

Heute finden Frauen in der Kunst endlich mehr Anerkennung. Die spanische Hauptstadt Madrid etwa hat zu Beginn des Jahres 2019 gemeinsam mit dem Prado-Museum eine Werbeaktion gestartet, bei der Gemälde von Künstlerinnen auf Stellwänden und Plakaten an den zentralen Punkten der Innenstadt gezeigt werden. Diese Aktion verschrieb sich explizit der Sichtbarmachung weiblicher Kreativität in Kunst und Wissenschaft und reagierte damit auf die Kritik, dass auch noch im Jahre 2019 in der 1819 eröffneten Pinakothek unter 1.600 Kunstwerken nur sechs Werke von Frauen ausgestellt wurden.

Erfreulich ist auch, dass der Direktor des Leipziger Museums der bildenden Künste bei seinem Amtsantritt im Sommer 2017 verkündet hat, dass der weibliche Anteil bei der KünstlerInnenauswahl zukünftig 50 Prozent betragen soll.

Nach Erhebungen des Deutschen Kulturrats aus dem Jahr 2016 zur Geschlechtergerechtigkeit in der Kunstwelt hat sich an den Hochschulen und Universitäten viel getan. Allerdings zeigen die vom Kulturrat ausgewerteten Statistiken auch, dass gerade mal ein Viertel der in Galerien ausgestellten Werke aus dem Œuvre einer Künstlerin stammen, in deutschen Kunstmuseen dieser Anteil sogar nur bei geschätzten zehn bis 15 Prozent liegt. Der Anteil der Studentinnen im Bereich Kunst und Kunstwissenschaft ist hingegen auf 80 Prozent angestiegen. Dozentinnen und Professorinnen machen mehr als die Hälfte der Lehrkräfte aus. Auch an den Kunsthochschulen hat sich die Lage der Frauen deutlich verbessert, laut der Studie sind mehr als die Hälfte der Studierenden weiblich, die weiblichen Lehrkräfte sind auf ein Drittel gestiegen. Allerdings sind in den Leitungspositionen gerade mal fünf Prozent Frauen in der Rektorenposition. Auch bei der Stellenbesetzung der Museen beträgt der Anteil der

Direktorinnen in Deutschland laut dieser Studie bisher gerade einmal rund ein Drittel. Erfreulich ist die Lage in den neuen Bundesländern, hier stehen Frauen an der Spitze bedeutender Museen.

Das alles sind längst überfällige Bewegungen in einem über Jahrhunderte von Männern dominierten Kunstbetrieb, der sich nur langsam vom Ideal des männlichen Künstlergenius befreit.

Mein Leben ist von der Erfahrung geprägt, dass die Künste großartige, wichtige, kontroverse Beiträge zu unserer Gesellschaft leisten. Sie sind eine Avantgarde – selbst der Freiheit verpflichtet –, Garant und Ausweis für eine offene, heterogene, kritikfähige Gesellschaft, in der Interessen unterschiedlichster Akteure ausgehandelt und erstritten werden können. Das verbindet sie mit dem Kampf der Frauen um volle Gleichberechtigung. Eine Gesellschaft ohne Kunst ist mir undenkbar und unvorstellbar. Seien es Künstlerinnen oder Künstler. Es wird Zeit, dass Geschlechtergerechtigkeit endlich auch in Kunst und Kultur durchgesetzt wird!

3
Von der Quote zur Parität – warum jetzt?

Die für ihre Rechte kämpfenden Frauengenerationen früherer Zeiten haben mich in einer Weise beeindruckt, dass ich mich entschied – trotz meines Alters – erneut mitzumachen, um möglichst viele Frauen zu erreichen und zu gewinnen, gleich welchen Alters und egal in welcher Lebenslage auch immer. Das von Frauen historisch Geleistete soll anerkannt und wertgeschätzt werden. Zugleich spüren wir: Jetzt sind *wir* dran, eine Welt, die immer noch von alten Machtstrukturen beherrscht wird – von Gewalt, Krieg und Zerstörung, Folter und Mord, Flucht und Vertreibung – umzukrempeln und gleichzeitig eine Neuausrichtung zu schaffen. Die Zeit dafür ist scheinbar ungeeignet, doch wann wäre sie angesichts der Herausforderungen je verpflichtender gewesen als jetzt?

Statistisch gesehen hat das Corona-Virus alte Strukturen befestigt. Eine Studie der Hans-Böckler-Stiftung zeigte früh: In der Krise sind es wieder die Frauen, die sich aus der Öffentlichkeit zurückziehen und sich um die Kinder daheim kümmern, die ihre Arbeit hintanstellten, um die Schulpräsenz in der Pandemie zu ersetzen; die als Erste ihre oft »kleinen« Jobs verlieren.

Und wieder scheinen die alten Machtverhältnisse durch: Die männliche Gewalt gegen Frauen und Kinder hat neue Höchststände erreicht. Die Telefone der Beratungsstellen laufen heiß. Selbst Paare, die sich die Sorgearbeit teilen wollen, die gleichberechtigt leben wollen, greifen auf überkommene Versorgungsmuster zurück.

Alle sind gefragt, herausgefordert und beteiligt. Frauen werden plötzlich als »systemrelevant« wahrgenommen, treten aus der »Rolle der Unsichtbaren« heraus – als Deutsche oder Migrantinnen. Das betrifft in dem veränderten Leben unter Corona-Bedingungen ausgerechnet jene, die bislang selten Anerkennung erfuhren, aber dringend als Arbeitskräfte gebraucht werden: Pflegekräfte, Erzieherinnen, Kassiererinnen, einfach Dienstleisterinnen. Sie sind keine Menschen auf der obersten Hierarchieebene, keine Führungskräfte, aber sie führen sich und ihre Begleitung, die einen mit Status, die anderen mit Ideen und Problemlösung.[1]

Dies verweist uns unmittelbar auf längst fällige Neubewertungen. Wir stoßen auf andere Prioritäten. Brauchten wir dafür etwa das Virus? Brauchten wir dazu diese fürchterliche und nicht mehr zu verdrängende Auseinandersetzung mit Leiden und Sterben? Werden Frauen immer nur in Krisen und Konfliktzeiten als wichtig und unverzichtbar wahrgenommen? Das wäre schlimm. Doch drängt sich dieser Gedanke auf.

---

1   Bertelsmann Stiftung (Hg.)/Birgit Gebhard/Josephine Hofmann/Heiko Roehl (2015): Zukunftsfähige Führung. Die Gestaltung von Führungskompetenzen, Zukunftsfähige Führung, Gütersloh.

Viele von uns glaubten, die alte Frauenfrage, die Benachteiligungen und die lange Zeit, in der wir aus dem beruflichen und öffentlichen Leben ausgeschlossen waren, hinter uns gelassen zu haben. In der Tat ist der Status der Rechts- und Lebenslage heute ein völlig anderer als zu Bismarcks Zeiten. Aber wenn es um Gleichberechtigung und den Abbau der Ungleichheiten geht, bleibt trotzdem Entscheidendes zu tun. Nichts ist selbstverständlich und irreversibel, wie auch kürzlich die europäische Richtlinie zur Gleichstellung der Geschlechter für die Jahre 2020 bis 2025 unterstrich. Generell haben Frauen die neuen Möglichkeiten im Rahmen der Frauenförderung genutzt, in Rechtsberufen, in akademischer Bildung und Ausbildung, in der Erwerbsarbeit und sozialen Sicherung sowie in der kulturellen, gesellschaftlichen und wissenschaftlichen Forschung. Es ist seltener von den Defiziten und häufiger von beachtenswerten oder gar außergewöhnlichen Innovationsleistungen die Rede. Frauen haben sich im bestehenden System ihre Bezugs- und Eigenwelten geschaffen und große Veränderungen bewirkt.

Aber warum dauert die Integration der Frauen immer noch an? Warum sind die Benachteiligungen und Marginalisierungen nicht längst restlos aufgehoben? Und warum sind Frauen am wenigsten in der Mitgestaltung des Politischen gefragt? Die schnellen Antworten lauten nach altem Muster: Frauen sind an Politik weniger interessiert, haben andere Interessen. Doch das sind die bekannten Abwehr- und Schutzbehauptungen, um die Kernfrage der Macht beziehungsweise Machtverteilung nicht zu diskutieren.

Die Zeit des geduldigen Wartens auf mehr Frauen in der Politik, auf mehr sichtbare Veränderung in ihrer Gestaltung, muss vorbei sein. Das können wir nicht mehr verantworten. Jeder einzelne und wichtige Schritt zur Stärkung weiblicher Präsenz in gesellschaftlichen und politischen Führungsrollen hat Jahrzehnte zähen Kampfs erfordert. Aktuell stellen wir fest, dass der Anteil der aktiven Frauen in Mandaten und Ämtern weltweit nicht steigt, sondern stagniert.[2] Und das nicht nur im aktuellen Bundestag, sondern ebenso in den Landtagen und, besonders drastisch, in den Kommunen.

Es trifft nicht zu, dass Frauen grundsätzlich weniger oder kein Interesse an der Politik hätten, und schon gar nicht an aktiver Teilhabe und politischem Engagement. Solche Annahmen sind längst wissenschaftlich und praktisch widerlegt. Tatsache ist, dass die Frauen – je nach Partei- beziehungsweise Fraktionszugehörigkeit – unterrepräsentiert sind. Dort, wo Parteisatzungen den Anteil der Frauen verbindlich festgelegt haben, variieren die Anteile zwischen 13 und 59 Prozent.[3]

Mein Engagement in der Frauenpolitik begann in den 1960er-Jahren mit dem Eintritt ins Berufsleben und wurde in den Folgejahren immer leidenschaftli-

---

2 Vgl. Agnes Blome/Kai-Uwe Müller (2021): Gekommen, um (unterrepräsentiert) zu bleiben? Frauenanteil im Deutschen Bundestag stagniert seit über 20 Jahren bei einem Drittel, in: DIW Wochenbericht 43/2021, S. 711–719.
3 Vgl. Benjamin Höhne (2020): Frauen in Parteien und Parlamenten. Innerparteiliche Hürden und Ansätze für Gleichstellungspolitik, in: APuZ 38/2020, Parlamentarismus, S. 32 f.

cher, weil ich miterlebte, welche Kompetenzen Frauen mitbringen, und zugleich, auf welche Widerstände sie stoßen. Mit dem Einstieg in Führungspositionen, als Ministerin für Familie, Frauen, Jugend und Gesundheit (1985) wollte ich die Chancen dieses Amtes auch nutzen. Als Frauenministerin hatte ich zunächst nur den Titel – aber keine Zuständigkeiten beziehungsweise Kompetenzen. Darum musste ich mich schon selbst kümmern. Aber ich arbeite in einem Team von Frauen und Männern, die mich unterstützten, angefangen bei meinem Vorgänger als Minister, Heiner Geißler, über den Beauftragen des Zivildiensts, Peter Hintze, bis zu dem – nicht zu vergessen – ungewöhnlich zurückhaltenden Staatssekretär Werner Chory (1982–1991), der stets Wege fand, wie wir inhaltlich und strategisch weiterkommen konnten. Aber entscheidend waren die Frauen im Ministerium, die das Thema Gleichberechtigung und Gleichstellung hoch engagiert vorantrieben.

Ich gebe zu, es war ein kleines Team, belastet und ausgelastet. Wir wollten weitere Fortschritte durchsetzen, BegleiterInnen und Heilende sein. Ich erlebte sehr schnell die massiven Widerstände in der Politik: Frauenpolitik ja, aber möglichst geräuschlos und mit wenig Geld. Es dominierten Skepsis und Abwehr, wenn es um Neuerungen ging.

Was wollte ich damals? Frauen stärken, sie aufklären, ihre Verantwortung und Gehaltsmöglichkeiten in und außerhalb der Familie ausbauen. Ihre Sichtbarkeit und schiere Zahl in relevanten gesellschaftlichen und politischen Positionen erhöhen. Was die SPD und, vor allem, die Grünen schafften, wollte ich in allen Fraktionen zum Thema machen. Was meine Fraktionskollegin

Helga Wex mit der Enquete-Kommission des Bundestages »Frau und Gesellschaft« zwischen 1973 und 1981 auf den Weg gebracht hatte, sollte auch umgesetzt werden. Ihr Ziel war es, »Entscheidungen vorzubereiten, die zur vollen rechtlichen und sozialen Gleichberechtigung in der Gesellschaft führen sollen«.

Das Schwierigste war die Quote, um den Frauenanteil in wichtigen Fraktionen und Ämtern zu erhöhen. Zweimal bin ich als Vorsitzende der Frauen-Union damit gescheitert. Beim dritten Mal, auf dem Bundesparteitag in Hannover, hat es, dank des Einsatzes von Helmut Kohl als Bundesvorsitzendem, 1996 geklappt. Aber dieses damals beschlossene Quorum von 30 Prozent war nicht verpflichtend, sondern lediglich empfehlend – zunächst auf fünf Jahre befristet. 2001 wurde der Gleichberechtigungsleitsatz dann ohne Frist festgeschrieben. Aber das hat bis heute nicht zu mehr Frauen in der CDU-Fraktion geführt. Es wurde weder konsequent ausgestaltet noch verbindlich gemacht. Immer wieder lautete die Begründung, dass man keine Frauen gefunden hätte, die zu einer Kandidatur bereit gewesen wären. Ich halte das für Augenwischerei.

Meine Antwort lautete: Wer die Quote nicht will, muss die Frauen wollen und so um sie werben, dass sie auch eine reale Erfolgschance haben. Wenn Bundes- oder Landtagskandidatinnen bei der Wahl einen Listenplatz für ein Mandat erhalten, der nach allen Erfahrungen ohnehin keine Erfolgsaussicht hat, sind die Vorbehalte und das Nein bei der Abstimmung naheliegend. Die noch immer zu hörende Ablehnung der Quote, weil Frauen nicht als »Quotenfrauen« im Parlament geduldet sein wollen, hat gewiss eine Berechtigung. Aber damals wie heute bleibe ich bei meinem Argument: Ohne Quote stünden wir Frauen noch viel schlechter da.

Und mein zweites Gegenargument lautet: Frauen haben sich beruflich, wissenschaftlich, kulturell und sozial derart profiliert und bewiesen, dass die Bezeichnung Quotenfrau nur noch für diejenigen ein »Argument« ist, die mehr Frauen in Führungspositionen verhindern wollen. Also weg mit diesem Wort von der Quotenfrau! Aufgeschlossene, kluge und zur Veränderung bereite Männer bringen es jedenfalls nicht mehr in die Debatte ein. Die Quotenregelung war eine politische Notwendigkeit. Leider hat sie unnötige Polarisierungen, ja Spaltung gebracht, den Zusammenhalt unter Frauen gefährdet und produktive Lösungen torpediert.

Die nun auch in Deutschland begonnene Debatte über Gesetzesentwürfe zur Parität beinhaltet den Wunsch, den Schritt von prozentualen Quotenanteilen – beginnend mit 20 und 25 Prozent – nicht weiter zu verfolgen. Das Ziel, das nun auch in unserem Land für die verschiedenen parlamentarischen Ebenen verfolgt wird, lautet: gleiche Anteile von Frauen und Männern bei politischen und gesellschaftlichen Mandaten und Ämtern. Dabei kommen verschiedene Optionen, zeitlich und verfahrensmäßig, in Betracht. Aber das Ziel muss jetzt verfolgt werden, nicht erst in Jahrzehnten! Nicht einmal die zentralen Entscheidungen zu grundlegenden Rechten für Frauen in der Verfassung 1949 haben so viele Jahre der praktischen Umsetzung gebraucht, wie es die Quote tat und noch tut. Das haben die vier Frauen Elisabeth Selbert und Friederike (Frieda) Nadig (beide SPD), Helene Weber (CDU) und Helene Wessel (Zentrumspartei) – vier von 65 Mitgliedern im Parlamentarischen Rat – geschafft mit einer breiten Öffentlichkeitskampagne im Parlament, obwohl »Gleichberechtigung als Verfassungsnorm« unbedingt verhindert werden sollte.

Der nächste große Schritt erfolgte nach der zunächst gescheiterten Verfassungsergänzung zu Artikel 3 Absatz 2, der den Staat verpflichtet, für den Abbau der noch immer bestehenden Benachteiligung der Frauen Sorge zu tragen: »Männer und Frauen sind gleichberechtigt. Der Staat fördert die tatsächliche Durchsetzung der Gleichberechtigung von Frauen und Männern und wirkt auf die Beseitigung bestehender Nachteile hin.«

Dem ging eine lange Kommissionsarbeit voraus, mit hoch qualifizierten, hochrangigen Juristen und Juristinnen unter dem Vorsitz von Dr. Hans-Jochen Vogel in den 1990er-Jahren. Doch sie konnten keinen Konsens erreichen. Diese Bemühungen sind im letzten Moment durch Helmut Kohl – den SPD-Frauen in einem Gespräch um Hilfe gebeten hatten – realisiert worden. Doch entscheidend war das breite Engagement der Frauen in den Fraktionen und in der Öffentlichkeit.

Wir könnten heute weiter sein, wenn die noch immer bestehenden Ungleichheiten mit mehr Einigkeit und Hartnäckigkeit verfolgt und ausgeräumt worden wären. Aber dem ist nicht so. Ohne Frauenbeauftragte, ohne Gleichstellungsstellen, ohne das politische Engagement des Juristinnenbundes, ohne die Frauenforschung, ohne den Frauenrat, die vielen Frauenorganisationen und Frauenvereine mit ihren Netzwerken wäre viel weniger passiert.

Und wie vor über 100 Jahren geht es um das grundlegende Menschenrecht – auf allen Feldern. Es geht um Menschen, ältere oder jüngere, ob Homosexuelle, MigrantInnen, behinderte und kranke Menschen. Es geht um ihr Menschenrecht, vollwertig anerkannt und im Vollbesitz bürgerlicher Rechte und Möglichkeiten zu sein, das immer wieder in Gefahr ist, nicht selbstverständlich und bindend zu sein.

Wir wissen, welche Bedeutung die geschaffenen Rechts- und Lebensgrundlagen in Deutschland und Europa für Menschen in Kriegs- und Katastrophengebieten haben. Wir wissen es aus unserer Geschichte. Heute müssen wieder viele Millionen Menschen in Notunterkünften ihr Leben fristen, existenzbedrohende Situationen und Wege durchstehen.[4] Wir leben in einer epochalen Umbruchzeit, reich an zu vielen Krisen – aber auch an besseren Möglichkeiten, das dürfen wir nicht vergessen. Die Probleme und Sorgen der Flüchtenden, der Staatssuchenden und Vertriebenen gingen der aktuellen Katastrophe, dem Corona-Virus, voraus. Und wieder sind unter den Schwachen die Frauen und Kinder die Schwächsten.

Dennoch haben wir gesehen: Der Verlauf der Katastrophen und Herausforderungen löst nicht nur Furcht und Gefühle von Ohnmacht und Depression aus, sondern bringt ebenso menschliche Nähe, kreative Lösungsmöglichkeiten, neues Nachdenken und Umdenken hervor.

---

4 Rita Süssmuth (2006): Migration und Integration: Testfall für unsere Gesellschaft, München: dtv.

Ich verschweige nicht, dass auch ich diese Ohnmacht in mir spürte. Aber der Gedanke und die Entscheidung, dass wir nicht aufgeben, nicht länger warten sollten und dürfen, dass wir es schaffen, Menschen zu helfen und eigene Schwierigkeiten zu überwinden, ist stärker. Das verpflichtet. Niemand kann mich mit Argumenten überzeugen, dass wir jetzt keine Möglichkeiten haben, anderen Menschen und uns selbst zu helfen.

Neues Denken und Handeln ist erforderlich: Frieden statt Krieg, Aufbau statt Zerstörung, zusammenrücken statt Polarisierung und Spaltung. Kein Land ist gefeit vor Katastrophen und Krisen. Je ärmer, desto drängender ist die Unterstützung von innen und außen. Das, was jetzt gebraucht wird, umfasst mehr als kurzfristige Lebenshilfen. Es macht uns bewusst, dass Isolation schwach, Einzelkämpfertum verwundbar und mangelnde Solidarität einsam macht. Jedes Land, jede Regierung, jede Familie, jeder Mensch benötigt für sich und zum Überleben die Zuwendung der anderen. Aktuell wird uns wieder bewusst, was der Satz von der einen Welt bedeutet für unseren Umgang miteinander, für unsere Zukunft und unsere Verantwortung, die uns als die kleinste soziale Einheit umfasst. Wer jetzt meint, dass jeder nur noch sich selbst braucht oder nur seine Familie, wer internationale Organisationen wie UNO oder WHO ablehnt, nimmt sich selbst und anderen jenen Schutz und jenes Stück Sicherheit, das wir gerade alle brauchen.

Das gilt auch für das Verhältnis der Geschlechter. Gleiche Rechte und Pflichten für Frauen wie Männer – das löst die alte Rollenverteilung auf, die lautete: die Frau in der Familie, der Mann im Beruf und im öffentlichen Leben. Diese Rollenmuster haben sich so verfestigt, dass der Gedanke, sie so nicht mehr zu leben, nicht von den Einzelnen umgesetzt werden kann, sondern strukturelle Veränderungen erfordert. Denn notwendig ist ein Umdenken für beide Geschlechter.

Das meint vor allem die Rollenbilder, die wir im Kopf mit uns herumtragen und nur schwer ablegen können: Frauen wie Männer haben bestimmte Fähigkeiten, Gefühle und Kompetenzen, die sie in ihre Beziehungen und in die Sorgearbeit der Familie einbringen oder einbringen könnten – Kompetenzen, die früher weniger oder gar nicht da waren oder gelebt werden konnten. Die Rollenbilder haben sich erweitert. Diese Veränderung, die auch viele Männer begrüßen, geht zurück auf die Frauen und ihrer Beharrlichkeit, sich nicht mehr auf begrenzte Tätigkeiten reduzieren zu lassen. Diese erweiterten Rollen haben nicht nur eine Auswirkung auf Familientätigkeiten, sondern auch auf den Beruf, sie schaffen erweiterte Beziehungen und lassen vieles in einem neuen Licht erscheinen. Es gibt auf einmal Verständnis für die Tätigkeitsfelder der anderen. Die alten Rollenmuster reduzierten Frauen oft auf das Emotionale und Soziale, obwohl sie genauso intensiv auch in Fachlichem gefordert waren und sind. Gleiches gilt umgekehrt für Männer.

Mir leuchtet nicht ein, warum es so schwierig sein soll, alte Rollenmuster durch neue oder veränderte zu erweitern. Das alles ist ja längst unterwegs und wird praktisch gelebt. Wir haben aber zu spät angefangen, den Wandel zuzulassen. Die strukturellen und individuellen Lenkungsprozesse wurden sich selbst überlassen. Auf diese Weise haben wir menschliche Möglichkeiten beschnitten, da wir – oft aus Gewohnheit oder aus Konfliktscheu – lieber alte Klischees bedienen, als sie abzubauen. Jetzt ist die Chance da zu mehr Vielfalt, zu mehr Pluralität im Zusammenleben. Parität ist mehr als gleiche Beteiligung: Zu ihr gehören auch gleiche Zugänge zu den diversen Erfahrungen beider Geschlechter.

Unser Ziel war und bleibt, wegzukommen von Rollenbildern, bei denen es nicht um gleichwertige, gleichberechtigte, partizipative und interagierende Verhaltensweisen geht: Schluss vor allem mit hierarchischen Rollenklischees – alten und neuen. Parität meint Gleichheit und Partnerschaft, meint wechselseitige Anerkennung und Wertschätzung im Anderssein. Wir sind verschieden und wir sind gleichberechtigt, beides passt und gehört zusammen.

Parität im Sinne von Gleichheit ist Ausstieg und Umstieg in einem. Da das alte Denken plötzlich aktuell wieder so wirkmächtig um sich greift, ist es noch wichtiger und dringlicher, die Bewertung von Parität nicht nur privat, sondern auch politisch vorzunehmen. Denn was auf dem Feld der Gleichberechtigung politisch, rechtlich und sozial verändert wird, erhält einen offiziellen Stellenwert und wirkt normativ. Abwarten und Schweigen genügen daher nicht. Handeln ist gefragt zur Überwindung der aktuellen Herausforderungen.

4

Parität im Jahre 2022?
Eine Bestandsaufnahme

Sind wir wirklich weitergekommen in der tatsächlichen Gleichberechtigung?

Die alte und die neue, veränderte Frauenwelt, das sind genau genommen zwei Welten – vom Ausschluss der Frauen aus Politik und Öffentlichkeit hin zur Erweiterung persönlicher und politischer Rechte. Darin eingeschlossen ist die reale Einflussnahme auf notwendige Weiterentwicklungen im partnerschaftlichen Zusammenleben der Geschlechter mit ihrer Vielfalt an Gemeinsamkeiten und Unterschieden.

Dazu haben entscheidend Menschen, Frauen und auch andersdenkende Männer, beigetragen, die mit Kompetenz, Überzeugungskraft, Zivilcourage und Unnachgiebigkeit Konflikte eingegangen sind und durchgehalten haben, die neue Denk- und Verhaltensweisen – den sogenannten »zweiten Blick« – öffentlich eingebracht haben.

Ohne diese starken Persönlichkeiten wären wir keineswegs so weit gekommen. Die Bedeutung der Einzelkämpferinnen und Einzelkämpfer für diesen so zähen, widerständigen, konflikthaften Prozessen war und ist enorm! Sie waren und bleiben unverzichtbar.

Das gelingt nicht ohne Solidarität, ohne den gemeinschaftlichen Kampf für neue Sichtweisen und Handlungsspielräume der zu lange ausgeschlossene Frauen, MigrantInnen, Homosexuellen, psychisch Kranken und behinderten Menschen.

Chancengleichheit ist ein Ziel, bei dem wir in der Realität noch immer beträchtlich aufholen müssen. Generationen vor uns haben Gleichberechtigung nicht nur zu einem Thema gemacht, sondern es gewagt, sie als Ziel mit Verfassungsrang zu formulieren und damit höchste Verbindlichkeit zu schaffen. Dieser Verfassungsrang hat uns Frauen vom Ausschluss zur Beteiligung und Teilhabe gebracht, jedenfalls was die Rechtslage betrifft – die soziale Realität ist noch immer mehr als ungenügend und defizitär. Die Persönlichkeitsrechte sind dank unnachgiebiger Frauen weiter ausgebaut worden. Es fehlt die konsequente Veränderung der strukturellen Rahmenbedingungen.

4.1 Gleichberechtigung und Gleichstellung

Einzelne Vorkämpferinnen ließen nicht locker. Nach dem Zweiten Weltkrieg bedurfte es einer breiten öffentlichen Kampagne quer durch die Gesellschaft, um das für die Männer selbstverständliche Recht auch für die Frauen durchzusetzen. Elisabeth Selbert, der wir so viel zu verdanken haben, wurde zum Beispiel nicht – wie die drei anderen Frauen – in den Parlamentarischen Rat gewählt. Viele wollten sie nicht. Die hessische Landtagsabgeordnete wurde 1948 über die niedersächsische Landesregierung und das Landesparlament im letzten Augenblick als vierte Frau im Parlamentarischen Rat durchgesetzt. Sie war unbequem, wollte mehr als einen formalen Gleichberechtigungsgrundsatz. Eine formale Klausel – wie oben beschrieben – genügte ihr nicht. Sie kämpfte für inhaltliche Ziele in allen Lebensbereichen.

Wir brauchen beide: die Einzelkämpferinnen und die breite öffentliche Solidarität, um grundlegende Entscheidungsrechte und damit verbundene gesellschaftliche Veränderungen endlich politisch durchzusetzen. Was es zu gestalten gibt, kann nicht allein von Initiativen, Verbänden, Gewerkschaften, Arbeitgebern und Arbeitnehmern bewerkstelligt werden. Gefordert sind wir Frauen selbst. Wir brauchen mehr Solidarität. Aber auch die Frauen in den Parlamenten brauchen die Solidarität der Frauen draußen und der Gesellschaft insgesamt. Umso mehr gilt dies für Frauen in benachteiligten Lebenslagen.

Bei allen beachtlichen Fortschritten, die wir in Bezug auf die persönlichen und politischen Rechte der Individuen erreicht haben in all ihrer Heterogenität – sei es in Bildung, Berufseinstieg, ökonomischer und sozialer Hinsicht –, so fehlt es weiterhin an Frauen in Führungspositionen und in der Politik. Heute gibt es unter den 15 Bundesministerien immer noch eines – das Bundesministerium der Finanzen –, in dem noch nie eine Frau an der Spitze war. Und das Auswärtige Amt sowie das Bundesinnenministerium werden erst seit Dezember 2021 erstmals von Ministerinnen geführt. Lediglich das Bundesministerium für Gesundheit und das Bundesministerium für Familie, Senioren, Frauen und Jugend konnten in ihrer Institution Parität erreichen. Seit 1949 gab es erst acht Ministerpräsidentinnen. Aktuell sind es drei: Malu Dreyer in Rheinland-Pfalz, Manuela Schwesig in Mecklenburg-Vorpommern und Franziska Giffey in Berlin. Alle sind Mitglieder der SPD.

Ein Rückblick zeigt, dass das aktive und passive Wahlrecht über Jahrzehnte nicht zu einer angemessenen Beteiligung von Frauen in der Politik geführt hat. Prinzipien in den Parteien und Verbänden wie Freiwilligkeit, Unverbindlichkeit und Regellosigkeit klingen, als seien sie sehr zustimmungsfähig und demokratisch ausreichend, ohne darüber nachzudenken, mit welchen Folgen sie verbunden sind: zum Beispiel mit einem sehr geringen Frauenanteil in den Parlamenten, einer geringen Zahl von Frauen in politischen Ämtern und Positionen, Verzicht auf die Entlohnung ehrenamtlicher Arbeit, Verzicht auf den Ausgleich für Erwerbsarbeit wegen familiärer Sorgearbeit sowie eine höchst ungleiche und ungerechte Bewertung von zum Beispiel hoch spezialisierter High-Tech-Arbeit und unterschätzter handwerklicher Arbeit, Pflege- und Beziehungsarbeit oder Bildungs- und Erziehungsarbeit – Letztere, die sich um Kinder, Familie und ihre Betreuung drehen, werden sehr oft geringer bewertet. Ich verkenne nicht die Notwendigkeit von Differenzierungen, doch sie blenden oft Verpflichtungen und unverzichtbare Bedürfnisse aus, die für jeden Menschen notwendig sind. Kurz gesagt: Gute Pflege oder gute Erziehung sind viel mehr wert, als ökonomischer Verdienst und Ansehen widerspiegeln – nur müssen wir das erkennen, deutlich machen und ändern, sodass diejenigen, die von Ausschluss, Geringschätzung oder Benachteiligung betroffen sind, ein gestärktes Selbstwertgefühl herausbilden und über ihre Fähigkeiten zu einer vollwertigen Teilhabe in der Gesellschaft gelangen, zu Ansehen und gerechtem Lohn.

Öffentliche Verantwortung ist notwendig und wichtig, hilft den Einzelnen und der Gesellschaft aber wenig, wenn dadurch die Eigenaktivität, das Selbermachen und Selbstverantworten geschwächt werden. Dadurch entstehen Frustration und Leistungsgrenzen, die jeder kennt und abbauen möchte. Wenn wir aber wirklich Aufspaltung und Polarisierung in unseren Gesellschaften vermeiden wollen, so genügt nicht der einseitige Blick auf aktuelle Wissens- und Kompetenzbedarfe der Wirtschaft. Auch sie sind wichtig, aber unsere junge Generation braucht Orientierung und Teilhabe mit Herausforderung.

Es muss uns doch fragwürdig erscheinen und irritieren, wenn inmitten der weltweiten Auseinandersetzung mit dem Corona-Virus die Tatsache neu entdeckt wird, dass Frauen systemrelevante Arbeit leisten in der Kranken- und Alterspflege, in der »Sorgearbeit«. Das haben Frauen in allen Jahrhunderten getan, schlecht oder gar nicht bezahlt. Wir wissen und diskutieren das seit Langem.

Jetzt, in der Corona-Krise, gibt es plötzlich eine hohe Nachfrage nach Menschen, die solche herausfordernden, oft zermürbenden, aber verantwortungsvollen Arbeiten mit Überzeugung und Einsatz tun. Und wir wundern uns, dass diese Menschen immer öfter vor dem Übermaß an Zumutungen und mangelnder Wertschätzung kapitulieren. Da ist ein Thema, das die Rolle der Frauen – mehr und mehr auch ausländischer Frauen – in den gesellschaftlichen Fokus rückt. Plötzlich erkennen wir, dass es uns alle angeht, wenn Frauen unbezahlt in der familiären Pflege tätig sind oder in Ausbildungs- und Erwerbsberufen mit unzureichenden Arbeitsbedingungen und schlechten Tariflöhnen stecken, die in der aktuellen Notlage zwar angehoben und mit einmaligen Zulagen verbessert werden sollen, aber eine wirkliche Veränderung der Bewertung und Bezahlung der Arbeit tritt nicht ein. Wir sind spät dran, denn die Problemlage besteht schon lange.

Wir haben, wie schon so oft in der Geschichte, bei aufkommenden oder sichtbaren Konflikten unsere Bewertungsmaßstäbe geändert und begriffen, dass unsere Wahrnehmung und unser Handeln sich verändern müssen. Der hohe Grad an Spezialisierung macht uns gerade bewusst, was vernachlässigt und ausgegrenzt wurde. Es geht nämlich nicht nur um fachliche Spezialisierung in der Berufswelt, sondern um einen ganzheitlichen Blick auf Menschen und Arbeit in Familie und Arbeitswelt.

4.2 Zahlen und Fakten

Die Erfahrung zeigt: In unserer Debatte bringen uns abstrakte Gleichheitsformeln nicht weiter. Es muss uns gelingen, den theoretischen Grundsatz der Gleichheit in Beziehung zu setzen mit der in Wirklichkeit bestehenden Ungleichheit. Der Grundsatz, dass alle vor dem Gesetz gleich sind, wurde 1994 mit der Verpflichtung verbunden: »Der Staat fördert die tatsächliche Durchsetzung der Gleichberechtigung von Frauen und Männern und wirkt auf die Beseitigung bestehender Nachteile hin.«[1] Auch 1948/49 war der Gleichberechtigungsansatz heftig umstritten. Er wurde nicht in der ersten, sondern erst in der zweiten Lesung im Parlamentarischen Rat im Januar 1949 einstimmig verabschiedet. Für Elisabeth Selbert war es die »Sternstunde ihres Lebens«. Aber die Umsetzung dieses Verfassungsgrundsatzes dauerte, wie beschrieben, bis zur ersten großen Ehe- und Familienrechtsreform 1977.

4.2.1 Parität in der Politik?

Alte Familien- und Geschlechterbilder passen nur sehr begrenzt zu den diversen, heute gelebten neuen Rollen im Alltag der Geschlechter. In den 1980er-Jahren begann die Quotendebatte. Es wurde versucht, mehr Gleichberechtigung durch spezielle Frauenförderung, Frauenbeauftragte und Frauenministerien durchzusetzen. Quoten, also bestimmte festgelegte Frauenanteile, sollten auf lokaler, auf Landes- und Bundesebene den Anteil von Frauen an den Beschäftigten erhöhen. Das veränderte die Verteilung von Aufgaben und Positionen und führte zu heftigen Debatten über Qualifikationen, Kompetenzen, tauglichen Kriterien und Bezahlung. Wie auch immer das Ergebnis im einzelnen ausgesehen haben mag – ich bin fest davon überzeugt (und zahlreiche Studien stützen meine Meinung): Ohne verbindliche Regeln der Quotierung hätte eine stärkere Gleichstellung nicht erreicht werden können. Und nicht einmal mit der Quotierung haben wir sie er-

---

1 Grundgesetz Art. 3 Abs. 2. Vgl. auch Heribert Prantl (2014): Glanz und Elend der Grundrechte. Zwölf Sterne für das Grundgesetz. München: Droemer eBook 2014, S. 38 ff.

reicht. Auch das Bundesverfassungsgericht sah sie als ein Instrument zum Abbau immer noch bestehender Benachteiligungen bei Stellenausschreibungen und zur Verwirklichung einer »gerechten« Beteiligung der Frauen an den gesellschaftlichen Aufgaben in Regierungen, Parlamenten, Wirtschaft, Bildung und Verwaltung.

*

Doch das löste neuen Unmut bei den Männern aus und führte auch bei Frauen zu Ablehnung, die ihren beruflichen Aufstieg mit Kompetenz und Leistung, aber auf keinen Fall mit der Quote begründet wissen wollten. Einige politische Parteien schritten voran und legten in ihren Satzungen verbindliche Frauenanteile bei Vergabe der Mandate fest, ebenso bei der Aufstellung von Kandidatinnen und Kandidaten. Möglich war das, weil den Parteien laut Grundgesetz (Artikel 20, 21 und 38 GG) freisteht, einzeln oder kollektiv im Rahmen des Satzungsrechts die Beteiligung und somit den Einfluss der Frauen zu erhöhen. So geschah es bei der SPD (Satzung der SPD, § 4), bei den Grünen (gleich bei der Gründung 1986, Frauenstatut von Bündnis 90/Die Grünen, § 1) und bei den Linken (Bundessatzung der Partei Die Linke, § 10). Die CDU beschloss auf ihrem Bundesparteitag im Oktober 1996 zwar ein Frauenquorum von 30 Prozent, aber ohne jede Verbindlichkeit und ohne Sanktionen; es gilt bis heute als eine Soll-Empfehlung ohne Konsequenzen (Statut der CDU, § 15). CSU, FDP und AfD schließlich sehen in ihrem Satzungsrecht keine verbindlichen Regelungen vor, bleiben bei der freien Entscheidung über Direktmandat und Listenplatz und nominieren dementsprechend auch überwiegend Männer. Die CSU hat bei der letzten Bundestagswahl 2021 zwar ihre Landesliste erstmalig paritätisch besetzt. Leider hatte diese aber keine Auswirkungen auf das Wahlergebnis, denn die 45 gewonnen Sitze, waren allesamt Direktmandate beziehungsweise Überhangmandate – 10 Frauen (22,2 Prozent), 35 Männer (77,8 Prozent).[2]

Die Quote war der Einstieg in die verbindliche Beteiligung der Frauen an politischen Beratungen und Entscheidungen. Ohne Beteiligung kein politischer Einfluss. Die Einwände vonseiten der Quotengegner waren massiv und sind noch immer nicht vom Tisch. Männer fürchteten Machteinbußen, viele Frauen wollten nicht als Quotenfrauen diskriminiert werden. So weit, so schlecht.

*

Die Quote bleibt eine Krücke. Sie gehört zum alten Denken, weil in der Vergangenheit anders offensichtlich nicht mehr zu erreichen war. In den Parteigruppierungen war mit unverbindlichen Empfehlungen keine politische Verpflichtung zu erreichen, die Frauen eine stärkere Einflussnahme zusichert. Mit anderen Worten: Mehr Beteiligung und Einfluss von Frauen war und ist nicht gewollt.

Vorbereitet wurde dieser Schritt zur Quote politisch durch engagierte und vernetzte Frauenarbeit in der Zivilgesellschaft. Allerdings veränderte sich

---

2 Deutscher Bundestag (2021), <https://www.bundestag.de/abgeordnete>.

der Anteil der Frauen in Parlamenten signifikant erst ab 1987 mit etwas über zehn Prozent. Zwischen 1918 und dem Ende der 1980er-Jahre war er konstant unter zehn Prozent geblieben. Erinnern wir uns kurz zurück: Trotz großer Widerstände gegen das aktive und passive Wahlrecht lag der Anteil der Parlamentarierinnen im 1. Deutschen Bundestag (1949–1953) zum Ende der Wahlperiode bei neun Prozent. Die Demokratie bewegt sich oft im Schneckentempo vorwärts.

*

Der Anteil der Frauen in den Parlamenten lag 1990 bei rund 20 Prozent, stieg in den späten 1990er-Jahren auf 30 und nach der Jahrtausendwende mancherorts – bei Weitem nicht überall – auf über 40 Prozent. Mit knapp 35 Prozent liegt der Anteil der Frauen im Deutschen Bundestag zwar vier Prozentpunkte höher als nach der Wahl 2017 – insgesamt stagniert die Entwicklung aber seit nunmehr mehreren Jahrzehnten. Die Fraktionen Bündnis 90/Die Grünen (59 Prozent) und Linke (54 Prozent) zeigen, dass parteispezifische Quotenregelungen bei der Nominierung von Mandaten entscheidend ist, um Parität möglich zu machen. Während die SPD mit knapp 42 Prozent, CDU/CSU und FDP mit jeweils rund 24 Prozent und die AfD mit 13 Prozent teils weit von der 50-Prozent-Marke entfernt sind.[3] Wir sprechen jetzt von einer Entwicklung der letzten 40

---

3 Vgl. Agnes Blome/Kai-Uwe Müller (2021): Gekommen, um (unterrepräsentiert) zu bleiben? Frauenanteil im Deutschen Bundestag stagniert seit über 20 Jahren bei einem Drittel, in: DIW Wochenbericht 43/2021, S. 711–719.

Jahre. Beruflich, gesellschaftlich und rechtlich sind Frauen selbstbewusster geworden. Ihre Selbstbestimmung wuchs. Diese Bestandsaufnahme gilt nicht in gleichem Maße für die starren, vorgegeben Strukturen, die Vereinbarkeit von Beruf und Familie, die ungleiche Verteilung von Frauen- und Männerpflichten, den hohen Anteil an Teilzeitarbeit, die ungleiche soziale Sicherung im Alter und die hohen Belastungen in der Betreuungs- und Sorgearbeit. Auch die Auswirkungen der Corona-Pandemie sind für Frauen keine Ermutigung gewesen. COVID hat ihre Lebenschancen nicht verbessert. Homeoffice ist wahrscheinlich kein guter Lösungsansatz für die Zukunft. Positiv ist die Flexibilität, negativ die oftmals Doppel- oder Dreifachbelastung. Beide Geschlechter brauchen Neuregelungen für eine bessere Balance zwischen familiärer und beruflicher Tätigkeit.

4.2.2 Parität in der Gesellschaft

Ich werde nicht müde, es zu betonen: Vernachlässigt haben wir zu lange in nicht entschuldbarer Weise die Rolle der Frauen in der Politik. Frauen bringen andere Sichtweisen ein. Männer wünschen sich, dass Frauen den männlichen Erwartungen und Normen folgen. Dazu sind Frauen oft allzu schnell bereit. Die von Männern geschaffenen Strukturen und Regeln des Zusammenlebens passen oft nicht zu den Erfahrungen in der Alltagsrealität. Häufig haben sie andere Ideen und Praktiken zu Problem- und Konfliktlösungen in Familie, Unternehmen, Gesellschaft und Politik als Frauen. Warum sollten wir nicht voneinander und miteinander lernen, uns austauschen und beraten, ob es andere, alte oder neue Weg zur Konfliktbewältigung gibt?

*

Jüngere Studien zum Verhalten von Frauen und Männern in Krisen und Konflikten kommen zu dem Ergebnis, dass Frauen die besseren KrisenmanagerInnen sind. Das trifft nicht nur für Unternehmen zu, sondern auch für die Politik. Beziehungen aufnehmen, miteinander sprechen, die Sichtweise und Lage des anderen, Gegners oder Verbündeten berücksichtigen.

Frauen sind oft mehr an Lösungen orientiert als Männer. Männer hatten schon immer Netzwerke, Frauen haben sie heute auch. Jetzt ist nicht das Nebeneinander, sondern die Vernetzung des Miteinanders gefragt. Auch thematisch sind Veränderungen notwendig. Nicht nur Themen wie Rüstungskontrolle, nukleare Abrüstung oder neue Formen der Aufrüstung, sondern auch Themen wie die Situation der Frauen in Kriegsgebieten oder die Rolle der Frauen in Friedensverhandlungen müssen auf die Agenda. Frauen müssen ihre Ideen und Standpunkte einbringen können. Frauen und Männer müssen sich weiterbilden und darauf hinwirken, dass beide gehört und beachtet werden, dass ihre Gedanken und Lösungsvorschläge zum gemeinsamen Gesprächsthema werden.

Parität in einer Plenarsitzung im Parlament ist immer belebend und aufregend, wenn es gelingt, kluge Argumente zu durchkreuzen, die Andersdenkenden nachdenklicher zu machen. Ich wiederhole noch einmal: Bei der Parität geht es nicht um ein Zählwerk, sondern um Beteiligung und Einflussnahme, um die

Qualität der Argumente und gute Lösungswege. Mit einem zu geringen Anteil Frauen, einem zu geringen Anteil unterschiedlicher Berufsgruppen und sozialer Schichtungen ist auch keine parlamentarische Parität vorhanden.

*

Lassen Sie mich festhalten: Parität ist nicht die Lösung für alles, aber ein entscheidender Schrittmacher für mehr Beteiligung, für komplexe Sichtweisen in ihrer Unterschiedlichkeit und in ihren Übereinstimmungen. Parität ist kein Fremdwort mehr. In zehn europäischen Ländern (Belgien, Frankreich, Griechenland, Irland, Kroatien, Luxemburg, Polen, Portugal, Slowenien und Spanien) ist sie bereits gesetzlich verankert.[4] Aber immer noch haftet ihr der Verdacht an, rückwärtsgewandt, ständestaatlich und männerdiskriminierend zu sein. Solch ein Denken schädigt die Anstrengungen gemeinsamer Arbeit, die Lösung akuter Probleme wie Natur- und Klimaschutz, die Überwindung von Armut und sozialer Ungleichheit. Erneut fehlt bei politischen Gruppierungen in unserem Land der Vorrang demokratischer Zielorientierung. Zu viel unkritische Sympathie schlägt autokratischen Systemen entgegen, deren nicht zu unterschätzende Motivation darin besteht, einen dominanten Weltmachtanspruch unter männlicher Führung zu formulieren.

---

4 EAF (2021): Neue Wege gehen: Modelle und Umsetzungsbeispiele aus anderen Ländern, <https://www.frauen-macht-politik.de/paritaet-in-der-politik/wege-zu-paritaet/>.

4.3 Der Mauerfall:
Frauen – befreit und bedrängt

Die 1990er-Jahre und die Zeit danach hatten andere Themenschwerpunkte. Sie begannen mit der Fluchtbewegung aus der DDR und den Staaten Ost- und Mitteleuropas. Sie waren verbunden mit wirtschaftlichen und politischen Krisen in der Sowjetunion. Neue Hoffnung kam bei vielen betroffenen Menschen mit und durch den sowjetischen Staatschef Michail Gorbatschow auf. Im Westen durch die Stimme des amerikanischen Präsidenten George Bush. Veränderungen schienen auf einmal möglich.

Am Abend des 9. Novembers 1989 fiel die Mauer. Deutsche Menschen in Ost und West waren nicht mehr getrennt und voneinander abgeriegelt. Wir lagen uns in den Armen, Menschenströme, Autoschlangen kamen bis spät in die Nacht über die Grenze. Wir erlebten uns so vertraut, obwohl wir uns nicht kannten. Es waren keine Fremden, wir gehörten spontan zusammen. Das galt für Männer wie Frauen, Kinder und Ältere. So viel Zusammengehörigkeit, Vertrautheit und Nähe habe ich vorher und später nicht noch einmal erlebt. An diesen ersten Tagen lebten wir von der Spontanität der Begegnung, nicht von skeptischen Fragen. Wir waren glücklich. Wir hatten weder West- noch Ostbrillen auf. Dieser Anfang hätte viel länger andauern können, aber der Alltag – wenn auch befreiter und voller Elan – kehrte wieder ein, und wir brannten darauf loszulegen, uns wechselseitig zu helfen.

Mein Wahlkreis war Göttingen, nahe der »Zonengrenze«. Es begann eine unglaubliche Zeit neuer Erfahrungen und Entdeckungen, ein ganz anderes Lernen als das aus Büchern. Uns Westdeutschen ging es zunächst darum, unser freiheitliches und soziales marktwirtschaftlich-demokratisches System nach Osten zu transferieren, bessere Lebensbedingungen zu schaffen, die Einheit Deutschlands nie wieder zu verlieren. Das konnte hilfreich sein, aber nicht fehlerfrei: Wir meinten, unsere ostdeutschen Landsleute zu kennen, zu wissen, wie sie gelebt und was sie geleistet haben. Nein, so war es nicht. Es gab die reale Chance, Nähe zu entwickeln.

Dazu gehörte auch das Verständnis der Rolle der Frauen in West- und Ostdeutschland. Im Osten war sie eine andere, geprägt von der für viele positiven Erfahrung der Vereinbarkeit von Familie und Beruf.[5] Sorgeaufgaben in Haushalt und Familie gehörten zusammen, erhöhten bei vielen das Kompetenz- und Selbstwertgefühl. Der Verlust der Erwerbsarbeit hat viele Frauen im Osten empfindlich getroffen. 1989/90 erlebte ich Frauen, die ihre Arbeitsplätze, ihre Maschinen nach vielen Jahren selbst abbauen mussten. Ich suchte sie auf, sollte sie beruhigen, sprechen von den neuen, noch nicht vorhandenen Arbeitsplätzen. Als ich die Tür öffnete und den Raum betrat, begegnete mir ein zugleich protestierendes und verzweifeltes Schreien. Ich blieb. Die grünen Frauen mit ihren Masken, Hauben und Hämmern schrien weiter. Ich stand am Ende des Raums, unwillkommen. Der Protest beruhigte sich erst nach

---

5 Vgl. Ellen Händler/Uta Mitsching-Viertel (2019): Unerhörte Ostfrauen. Lebensspuren in zwei Systemen. Stuttgart: Ibidem-Verlag.

einer halben Stunde, langsam. Dann begannen unsere Gespräche. Die Frauen waren verletzt, empört und perspektivlos. Unsere Gespräche wurden immer intensiver, und ich spürte, wir sollten mit der Einsicht enden, dass wir noch viel voneinander lernen können. Wir im Westen erwarteten primär Zufriedenheit und Dankbarkeit für den Wegfall verpflichtender Berufsarbeit. Wir wussten zu wenig von der Sozialisation der DDR-Frauen, ihren beruflichen Ausbildungswegen, ihrer ökonomischen Selbstständigkeit. Sie führten ein an Pflichten reiches Leben, standen aber auch auf eigenen Füßen, viel weniger abhängig vom Einkommen des Mannes als im Westen. Sie packten an, in und außerhalb der Familie.

Frauen in Ostdeutschland zeigten auch jüngst großen Mut und große Eigeninitiative, als sie in Thüringen und Brandenburg politisch aktiv wurden und Paritätsgesetze auf den Weg brachten. Die Gesetze sahen paritätisch quotierte Landeswahllisten vor, Männer und Frauen sollten zu gleichen Teilen kandidieren. Gegen das Gesetz klagten NPD, Piraten und AfD. Und sie hatten Erfolg. Ich kann und werde nie die abgrundtiefe Enttäuschung der Frauen vergessen, als im Juli und Oktober 2020 die negativen Urteile zum Paritätsgesetz in Thüringen und Brandenburg verkündet wurden.

Frauen haben nach der Wiedervereinigung die Reform des § 218 durchgesetzt. Gemeinsam haben wir 1993 einen zugleich verantwortungsvollen und humaneren, weil stärker selbstbestimmten Weg gefunden – ein Weg mit den Frauen und nicht ohne oder gegen sie. Ich spreche nicht von Lösungen, aber von Konfliktverringerung, von ethisch und menschlich gestalteten

Regelungen, die zur Entschärfung der Abtreibungsfrage führten. Warum trauen wir Menschen nicht mehr Eigenverantwortung zu? Die Beratungspflicht wie auch der nicht endende Streit um den § 219 a – Information ja, Werbung nein – schwelt weiter. Er soll neu beraten werden.

Es ist eine Lösung zu finden, die eine verantwortliche Haltung gegenüber dem Leben stärker fördert als der Rückzug auf Misstrauen und Strafe. Das Leben verpflichtet.

Die Herausforderungen haben mich nachhaltig geprägt, alles zu versuchen, um den Betroffenen und mir selbst die Gewissheit zu geben: Wir haben nicht aufgegeben, wir suchen weiter und werden an Lösungen arbeiten.

Rechtliche, kulturelle, wirtschaftliche und soziale Fortschritte mussten stets erkämpft werden. Es gilt jetzt, dass wir Frauen handeln, uns selbst einbringen, nicht mehr abwarten, nicht zögern, sondern Probleme lösen.

Darum PARITÄT JETZT!

5
Wege zur Parität

Der Blick zurück in die Zeit vor 100 Jahren zeigt eine Phase des Umbruchs, eines Auf- und Durchbruchs zur Veränderung der Frauenwelten. Unbeirrt stießen die Frauen ins politische Aktionsfeld vor, das ihnen vorab verboten und verschlossen war.

Die von den Frauenrechtlerinnen formulierten Argumente haben mich wieder wach gerüttelt, zu erneutem Nachdenken und Handeln angeregt und verpflichtet. Was sie verändern wollten, betraf nicht nur die Frauen sozial gehobener Stände, sondern alle Frauen weltweit: ein Beteiligungskampf, ein Solidaritäts- und Zugehörigkeitskampf. Es war eine Befreiung von Unselbstständigkeit, verwehrter, verweigerter Teilhabe, Nichtanerkennung weiblicher Talente und Leistungen im sozialen, kulturellen, wirtschaftlichen, wissenschaftlichen und politischen Leben. Gleichberechtigung war ein Fremdwort. Die Macht und somit auch die politische Macht beanspruchten die Männer für sich. Frauen hatten bis 1958 kein Recht auf ein eigenes Konto und konnten damit auch nicht über ihr eigens verdiente Geld entscheiden, verheiratete Frauen durften ohne Einwilligung des Ehemanns nicht erwerbstätig sein, ihre Bildungschancen und -zugänge zu wissenschaftlichen Tätigkeiten haben sich erst in der zweiten Hälfte des 19. Jahrhunderts angebahnt. Frauen galten in den alten Ideologien lange als zuständig für das Private, Häusliche, vor allem Mütterliche, das Ehrenamtliche auf dienendem Niveau, aber keinesfalls für rationale, analytische, kognitive Tätigkeiten in allen Wissenschaftsbereichen, und schon gar nicht in der Politik. Selbst große Denker wie Hegel verneinten Frauen in der Politik wegen ihrer angeblich einseitig ausgeprägten Emotionalität. Intelligenz aber umfasst emotionale, kognitive und soziale Kompetenzen. Auch Kindererziehung erfordert Fähigkeiten in den drei Intelligenzsektoren. Jeder Mensch, ob Frau oder Mann, braucht diese drei Möglichkeiten, verkümmert eine, hat das langfristige versteckte und offene Beeinträchtigungen zur Folge.

5.1 Gleichstellung in der Gesellschaft setzt Parität in der Politik voraus

Diese Welt hat sich einerseits grundlegend verändert, doch anderseits leben wir mit alten und neuen Frauen- und Männer-, Mütter- und Väterrollen. Die Zeit drängt, das fortzuführen, was die Frauen vor 100 oder 150 Jahren auf den Weg gebracht haben, und mehr Gleichberechtigung und Gleichstellung durchzusetzen. Es ist paradox, jetzt zu erklären, dass Frauen systemrelevant sind, weil ihre Fähigkeiten an vielen Stellen gebraucht werden. Das traf schon immer zu. Eltern und Lehrkräfte hören nicht auf, die Entwicklung der jungen Generation ganzheitlich in den Blick zu nehmen, die verschiedenen Fördermöglichkeiten stärker zu suchen als die Selektion. Sie brauchen wechselseitige Hilfe statt primäre Abgrenzung.

Junge Frauen, sofern sie sich politisch betätigen wollen, verbinden mit der Quote eher Diskriminierung und Marginalisierung statt individuelle Anerkennung der persönlichen Leistungsfähigkeit. Diese Gefahr ist gegeben, und sie wird von den Gegnern der Quote oftmals missbraucht, um sich den Maßnahmen einer stärkeren Frauenbeteiligung in der Berufswelt wie in der Politik zu entziehen. Die Erwartung von Beteiligung ist kein Quotenanspruch, sondern das Menschenrecht eines jeden Individuums. Jutta Limbach, die ehemalige Präsidentin des Bundesverfassungsgerichts, sagte 2014 zum Gedenken an die Gründung des Deutschen Juristinnen-Vereins im Jahr 1914: Frauen haben – wie Männer – ein »selbstverständliches Anrecht auf Teilhabe an politischer und wirtschaftlicher Macht«.[1] Ich stimme ihr zu, und auch darin, dass dieser Anspruch formalrechtlich zwar gegeben, aber faktisch nicht umgesetzt ist. Es gilt die verpflichtende Aufforderung dazu im Grundgesetz Artikel 3 Absatz 2: »Männer und Frauen sind gleichberechtigt. Der Staat fördert die tatsächliche Durchsetzung der Gleichberechtigung von Frauen und Männern und wirkt auf die Beseitigung bestehender Nachteile hin.«

Doch dieser gerade für Frauen so grundlegend wichtige Grundgesetzartikel hat einen minderen oder oft gar keinen Stellenwert bei den Urteilen der Verfas-

---

1 Jutta Limbach am 27. November 2014 zum Gedenken an die Gründung des Deutschen Juristinnen-Vereins 1914 in Berlin.

sungsgerichte der Länder Thüringen und Brandenburg gespielt. In beiden Fällen vertraten die jeweiligen Landesverfassungsgerichte mehrheitlich[2] die Auffassung, die gesetzliche Verpflichtung politischer Parteien zur abwechselnden Nominierung von Kandidatinnen und Kandidaten auf deren Wahlvorschlagslisten verstoße gegen die entsprechende Landesverfassung.

Warum? Weil die ebenfalls im Grundgesetz verankerte Freiheit der Parteien (Artikel 21) und Wahlrechtsgrundsätze (Artikel 38 Absatz 1) höher gewichtet werden als das Gleichstellungsgebot in Artikel 3 Absatz 2. Die Ergebnisgleichheit darf bislang laut Verfassungsgericht nicht sein. Aber die Chancengleichheit ist bei der Praxis des heutigen Wahlrechts nicht gegeben, und das seit Jahrzehnten. Woher soll sie kommen?

Dabei kann der Gesetzgeber »die Wahlrechtsgrundsätze und die Parteienautonomie [...] auch einschränken. Voraussetzung ist lediglich, dass er einen verfassungsrechtlich ebenbürtigen Zweck in verhältnismäßiger Weise verfolgt. Ein solcher den Wahlrechtsgrundsätzen und den Rechten der Parteien verfassungsrechtlich ebenbürtiger Rechtfertigungsgrund ist im Hinblick auf das Ziel der Geschlechterparität im Grundgesetz in Art. 3 Abs. 2 Satz 2 GG zu finden [...].« Diese Interpretation und daraus abgeleitete Position der Arbeitsgruppe von ehemaligen Richterinnen des Bundesverfassungsgerichts, des Europäischen Ge-

---

2 Ausgenommen eine Richterin und zwei Richter von insgesamt neun Mitgliedern des Thüringer Verfassungsgerichtshofs (Zusammensetzung: acht Männer, eine Frau), die in zwei Sondervoten ein gegenteiliges Ergebnis vorlegten, VerfGH 2/20.

richtshofs für Menschenrechte und Professorinnen ist online nachzulesen.[3]

Wenn die Repräsentanz nicht nur stagniert, sondern auf kommunaler Ebene häufig auf 10 Prozent abstürzt, dann ist Handeln nicht nur gefragt, sondern in unserer Demokratie zwingend notwendig.

5.2 Freiwillige Paritätsregelungen durch die Parteien

Wo immer Individuen oder Gruppen sich für Reformen zur stärkeren Repräsentanz von Frauen, behinderten Menschen oder MigrantInnen einsetzten, sind sie gefordert: Sie müssen nicht nur Gründe für die Einschränkung der Parteienautonomie benennen, sondern auch sorgfältig begründen, warum und wieso der Eingriff in das Wahlrecht und andere Rechtsgüter von Verfassungsrang gerechtfertigt und legitim wäre.[4] Schlicht gesagt, es geht um den seit Jahrzehnten andauernden Streit um die fehlende Repräsentanz der Frauen in der Politik, in Parlamenten und Regierungen, in den Gremien der politischen Parteien.

Dabei spielt die Überwindung unverbindlicher Quoten durch Parität, das heißt durch gleiche Anteile

---

3   Rita Süssmuth/Jelena von Achenbach/Frauke Brosius-Gersdorf/Christine Hohmann-Dennhardt/Renate Jaeger/Silke R. Laskowski/Friederike Wapler (2020): Es gibt keinen Besitzstandsschutz im Wahlrecht, Verfassungsblog vom 21.10.2020, <https://verfassungsblog.de/es-gibt-keinen-besitzstandsschutz-im-wahlrecht/>.

4   BVerfG, Senatsbeschluss vom 15.12.2020, 2 BvC 46/19, Rn. 112.

von Frauen und Männern, eine entscheidende Rolle. Wenn nicht nur ein formales, sondern auch ein praktisch relevantes Recht durchgesetzt wird, um mehr Frauen in die Parlamente zu bringen, so setzt das eine *Wahlrechtsreform* durch den Gesetzgeber voraus.

Eine Wahlrechtsreform erfordert keine Verfassungsreform, aber eine Neuregelung, die über die Größe der Parlamente, über die Beteiligung und Mitgestaltung der Politik durch Frauen und Männer zu gleichen Anteilen entscheidet. Vorschläge hierzu soll die neu eingerichtete Kommission zur Reform des Bundeswahlrechts und zur Modernisierung der Parlamentsarbeit formulieren, die sich am 23. Juni 2021 konstituiert hat. Die Kommission setzt sich aus neun Bundestagsabgeordneten und neun Sachverständigen zusammen, die sich als besonderen Schwerpunkt die Entwicklung von Empfehlungen vorgenommen haben, um »eine gleichberechtigte Repräsentanz von Frauen und Männern im Deutschen Bundestag voranzubringen«.[5] Aber schon jetzt ist es ohne neue Gesetzgebung durch Nutzung des Satzungsrechts mit freiwilligen Regelungen der Parteien möglich. Doch es sind selbstverpflichtende, keine gesetzlichen Regelungen, die auch durch Parteienbeschlüsse immer wieder verändert werden können. Aber sie haben die Fraktionen, die davon Gebrauch gemacht haben – SPD, Bündnis 90/Die Grünen und die Linken – zu einem weitaus höheren Frauenan-

---

5 Deutscher Bundestag (2021): Einsetzung einer Kommission zur Reform des Bundeswahlrechts und zur Modernisierung der Parlamentsarbeit. Drucksache 19/28787, S. 1, <https://dserver.bundestag.de/btd/19/287/1928787.pdf>.

teil gebracht im Vergleich zu den anderen Fraktionen. Die CDU/CSU-Fraktion hat ein Frauenquorum von 30 Prozent empfohlen, das aber nicht eingehalten werden muss, wenn es der Fraktion nicht gelingt; die AfD lehnt das ab, die FDP auch.

Seit Jahrzehnten stehen die grundsätzlichen Positionen einander unversöhnlich gegenüber, polarisierend, ohne Einigungs- und Verständigungsgedanken. Freiheit und Freiwilligkeit haben einen hohen Stellenwert. Doch kann nicht nur nach dem Prinzip gehandelt werden: Freiheit für Liberale, Unfreiheit für die restlichen Benachteiligten.

Das wird gern mit dem Argument gekontert: Die Freiheit sei doch für alle im Grundgesetz verankert. Das stimmt. Aber die gesellschaftliche und politische Wirklichkeit zeigt nur, dass die Ungleichheit zwar gesetzlich teilweise abgebaut wurde, aber dennoch sozial fortbesteht, insbesondere wenn es um die Wahrnehmung von Bildungschancen geht, um die Berufsausbildung, um Einkommensgerechtigkeit und ökonomische Absicherung. Ein Teil unseres Volkes nimmt die ungleichen Chancen bitterer wahr, ein anderer Teil wird passiv, lethargisch, von Ohnmacht überwältigt. Bleiben wir bei den Lebenslagen der Frauen verglichen mit den Chancen der politischen Beteiligung von Männern. Denn Frauen werden nicht nur deutlich seltener als Direktkandidatinnen in den Wahlkreisen aufgestellt, sondern erhalten im Vergleich zu Männern oft auch weniger aussichtsreiche Listenplätze.[6]

---

6 Vgl. Agnes Blome/Kai-Uwe Müller (2021): Gekommen, um (unterrepräsentiert) zu bleiben? Frauenanteil im Deutschen

5.3 Verpflichtende Paritätsregelungen durch den Gesetzgeber

Die bestehenden ungleichen Chancen beider Geschlechter sind in zahlreichen empirischen Studien nachgewiesen worden. Wir sind eine alternde Gesellschaft, deshalb brauchen wir alle Generationen und beide Geschlechter in Gesellschaft und Politik. Wir können und dürfen nicht länger zuwarten, dass sich die Verhältnisse von selbst ändern. Die Tatsachen weisen in eine andere Richtung.

Wir müssen handeln zum Wohle von Klima, Umwelt und Menschen. Das Wichtigste ist die Rettung unseres Planeten, unserer Erde, auf der wir weiterhin leben wollen. Dazu gehört, zu einem neuen Denken und Handeln zu finden in Bezug auf den Menschen und seine in ihm angelegten vielfältigen Möglichkeiten der persönlichen, sozialen und gesellschaftlichen Entwicklung. Wir haben zwei Seiten in uns: die lähmende und die schöpferische, die zerstörerische und die aufbauende Seite, die egoistische und die solidarische. Das Positive, Zutrauen zu sich selbst und zum anderen, ist weit wichtiger als die ständige Skepsis. Vertrauenstiftende Zuwendung kann Berge versetzen. Andere können uns auch helfen, mit Enttäuschungen umzugehen und unsere eigenen Selbstverliebtheiten und Selbstüberschätzungen besser zu ertragen. Wir brauchen wechselseitige Anerkennung und Mut, um-

---

Bundestag stagniert seit über 20 Jahren bei einem Drittel, in: DIW Wochenbericht 43/2021, S. 711–719.

fassende Entwicklungsförderung der Menschen mit Kopf, Herz und Hand.

Es gab im Osten Deutschlands entschlossene Versuche, gesetzlich neue Regelungen zu finden, um Parität in den Parlamenten zu erreichen. Vorreiter waren die erwähnten Länder Thüringen und Brandenburg, aber auch im Westen gibt es Vorbereitungen, um zu paritätischen Regelungen zu gelangen. Ob Berlin, Nordrhein-Westfalen, Schleswig-Holstein, Hamburg oder Bayern. Nach dem Verfassungsgerichtsurteil ist die vorgelegte paritätische Lösung in diesen beiden Ländern gescheitert. Das ist jedoch noch kein Zeichen des Scheiterns der Parität als solcher. Die Urteile und Antworten auf Verfassungsbeschwerden lassen erkennen: Es gelten weiterhin die grundgesetzlich festgelegten Positionen. Gefordert werden detaillierte Begründungen für die Benachteiligungen bei bestehender Gesetzeslage. Unterrepräsentanz der Frauen in den Parlamenten allein reicht nicht aus. Wir haben die bestehenden Benachteiligungen nachzuweisen, und dazu brauchen wir nicht nur die Begründungen aus dem Parlament, sondern gerade auch die Stimme des Volkes wie beim ersten Schritt 1948/49, das heißt den öffentlich bekundeten Willen der Frauen und Männer.

*

An dieser Stelle möchte ich auf eine Studie der Friedrich-Ebert-Stiftung von 2020 aufmerksam machen. Sie heißt: »Demokratie braucht Demokratinnen!«[7]

---

7 Hanna Haag/Raj Kollmorgen (2020): Demokratie braucht Demokratinnen! Barrieren der politischen Kultur für Frauen-

In zahlreichen Interviews mit weiblichen und auch männlichen Abgeordneten aus den Landtagen sowie mit Gewerkschaftsangehörigen in Ost- und Westdeutschland bestätigte sich die Diagnose, dass es im Verhältnis zur Bevölkerung zu wenige Frauen in den Volksvertretungen gibt. Schlimmer noch: Die Frauenanteile in den verschiedenen Landtagen haben sich seit einigen Jahren sogar wieder reduziert, insbesondere in der CDU.[8]

Gefragt nach den Gründen, werden verschiedene Ursachen benannt. Es scheint nicht nur einen Hauptgrund zu geben, sondern sowohl historische als auch aktuelle Ursachen. Sie finden sich in unserer politischen Kultur, in den gewohnten Benachteiligungsmustern und Rollenklischees sowie im Spannungsverhältnis von Familie und Beruf.

Frauen sind in der Parteiarbeit, bei der Bewerbung um Mandate und politische Aktivitäten keineswegs weniger aktiv als Männer. Das immer wieder angeführte Argument, Frauen seinen an Politik noch immer weniger interessiert als Männer, trifft nicht mehr zu. Zutreffend ist hingegen, dass Politik immer noch männlich geprägt ist – Männersache nach wie vor. Dieser Tatbestand hat entscheidend mit dem historischen

karrieren in Politik und Gewerkschaften – und Ansätze für ihre Veränderung. Friedrich-Ebert-Stiftung, <http://library.fes.de/pdf-files/dialog/17072.pdf>.
8 Sebastian Bukow/Maximilian Orth (2020): Frauen sind in Landesparlamenten weiterhin unterrepräsentiert. Heinrich-Böll-Stiftung, <https://www.boell.de/de/2020/03/04/kein-land-sicht-frauen-sind-landesparlamenten-weiterhin-unterrepraesentiert>.

Befund zu tun, dass Frauen für Politik »nicht zuständig« waren, ausgegrenzt, als nicht kompetent und unqualifiziert bewertet wurden. Das betraf nicht nur die demokratischen Anfänge in Europa im 18. und 19. Jahrhundert, sondern reicht offenbar bis in unsere Tage.

Nach so vielen Jahren des politischen Stillstands und der Stagnation in dieser Frage geben wir Frauen nicht auf. Parität ist nicht nur die Antwort auf die kontroverse Quotendebatte. Frauen sind nicht nur systemrelevant, sondern unverzichtbar bei der Bewältigung der hier und jetzt anstehenden Aufgaben. Auf ihre Qualitäten und Kompetenzen kommt es in allen Lebensbereichen an. Und: Emanzipation betrifft beide Geschlechter, nicht nur im eigenen Land. Zu groß sind weltweit Unterdrückung und Gewalt, die Abhängigkeiten der Geschlechter, die Einschränkungen von Menschenrechten, Menschenwürde und demokratischer Teilhabe.

*

Das Umdenken in Richtung Parität steckt auch in Deutschland nicht mehr in den Kinderschuhen, aber es steckt irgendwie fest. Allerdings verändern sich die Positionen langsam. Das gilt auch für die CDU/CSU-Fraktion, die in den beschlossenen Vorschlägen der Struktur- und Satzungskommission die Parität bis zum Jahr 2025 in der Partei durchgesetzt haben will. Diese müssen auf dem nächsten Parteitag allerdings noch von den Delegierten bestätigt werden.

Also nicht mehr nur 20, sondern endlich 50 Prozent! Diese Zahl allein schafft noch keine Veränderung in der politischen Praxis, aber sie schafft die Voraussetzungen für eine gleichberechtigte Beteiligung. Der Gedanke der Parität hat sich mit oder ohne Gesetze längst gesellschaftliche Geltung verschafft, europaweit. Mit mehr Frauen in der Politik, in den Parlamenten und Regierungen wird heterogener und pluraler über das Jetzt und über unsere Zukunft entschieden. Je größer die Bereitschaft ist, alle Geschlechter, Menschen aus unterschiedlichen sozialen und kulturellen Lebenslagen in der Öffentlichkeit zu hören, umso demokratischer wird die Lösung von Problemen sein. Die Gemeinschaftsarbeit muss sichtbar und durch Parität möglich werden.

Themenorientierung, Verständlichkeit, Vermeidung von Polarisierungen und verächtlichen Angriffen auf den politischen Partner, Konkurrenten oder Mitbewerber – das ist leistbar, das macht demokratische und parlamentarische Qualität aus. Die Menschenwürde, der Respekt vor dem anderen, ob deutsch oder aus einer anderen Kultur- und Sprachwelt, muss die oberste Norm in unserem politischen Argumentationsmuster sein. Das sind leitende Prinzipien unseres demokratisch-argumentativen Verfahrens. Dabei dürfen Respekt und Toleranz nie verloren gehen – nicht unter Demokratinnen und Demokraten, nicht unter Frauen und Männern.

Ich wiederhole: Parität ist ein Konzept der erfolgreichen und wirksamen Zusammenarbeit für Problemlösungen, an denen Männer und Frauen zu gleichen Anteilen beteiligt sind, um Gleichsein und Anderssein mit unterschiedlichen Prägungen zusammenzuführen, Vielfalt und Heterogenität, Pluralität und Einigkeit zu leben. Wir brauchen die menschliche Gemeinschaft, Zusammengehörigkeit bei Andersartigkeit; ob aufgrund von Geschlecht, Herkunft, Bildungs- oder Berufshintergrund, Stärken oder Schwächen.

5.4 Mögliche Modelle für unsere Gesellschaft und die Politik

»Haben wir jetzt nicht wichtigeres zu tun?« Ich antworte mit einem klaren NEIN – es gilt, darüber nachzudenken, wie dieser heutige Zustand entstanden ist und geschaffen wurde. Maßgeblich beteiligt ist die jahrhundertelang vertretene These von den sogenannten natürlichen Ungleichheiten in Natur und Kultur, der ungleichen Beteiligung von schwarzen und weißen Menschen, von Frauen und Männern, von starken und schwachen, intelligenten und weniger begabten Menschen, Heranwachsenden und Erwachsenen.

Eine beharrlich zitierte Sichtweise lautet: Der Mensch verändert sich nicht, er behält seine Fehler als Stärken und lässt sie weiter zu – seien es Verbrechen, Egoismus, Zerstörungs- und Eroberungswut, Selbstgewissheit oder Absolutheitsanspruch.

Doch es hat zu allen Zeiten auch die Selbstkritischen und Reformierer gegeben und die, die Freude an anderen und Sorge um andere kennen, leidenschaftlich überzeugt und durchdrungen von der Idee einer besseren, humaneren Welt, sei es aus religiösen oder ethischen Gründen. Sie gab es selbst unter den Bedingungen äußerster Willkür und fehlender ethischer Orientierung.

Solche Menschen und Veränderungen gibt es heute auch noch unter Männern und Frauen. Wir brauchen sie. Und, noch gewagter: Wir brauchen beide – Idealisten und Egoisten. Das ist schwierig zu organisieren. Wir sprechen über Vielfalt im Denken und Handeln, bestehen aber gern auf klaren Unterscheidungen von Recht und Unrecht, richtig und falsch. Der andere aus der Opposition kann eben auch Recht haben. Wieder andere sind entschieden der Meinung, nur die Mehrheit habe recht. Das gilt zwar für die Abstimmungsverhältnisse, nicht aber für den Minderheitsgedanken.

*

Frauen den gleichen Beteiligungsanteil wie den Männern zu geben – darüber wird in deutschen Parlamenten noch immer gestritten, und das seit Jahrzehnten. Dabei geht es um Macht. Nach wie vor braucht ein immer noch gewichtiger Teil der Männer die Frauen nicht. Sie möchten weder gendergerechte Sprache noch Genderforschung dulden.

Männer sind zumindest noch immer »die Mehrheit«: 70 Prozent in Landesparlamenten, 80 Prozent in den Kommunalparlamenten, 91 Prozent im Bürgermeisteramt[9] – aber nur 49 Prozent in der Bevölkerung.

Diese ungleiche Beteiligung resultiert heute vor allem aus den schwierigeren Bedingungen für Frauen: zeitliche Belastungen in der Vereinbarkeit von Beruf und Familie, hier vor allem die ungleiche Verteilung der Sorgearbeit und Kinderbetreuung. Ein weiteres, nicht zu unterschätzendes Problem sind aber auch

---

9 Kathrin Maler Walther/Helga Lukoschat (2020): Bürgermeisterinnen und Bürgermeister in Deutschland, <https://www.eaf-berlin.de/fileadmin/eaf/Publikationen/Dokumente/EAF_Berlin_Studie_BM_Ost_West_2020.pdf>.

persönliche und verbale Anfeindungen von Frauen im Wahlkampf aufgrund des Geschlechts und das Hindernis, entsprechende finanzielle Mittel für einen erfolgreichen Wahlkampf aufzubringen.[10]

Gegenwärtig sind knapp 77 Prozent der Frauen erwerbstätig. In der Corona-Krise haben nur 8 Prozent der Männer, aber 37 Prozent der Frauen ihre Vollzeitarbeit in Teilzeit umwandeln müssen, primär wegen der Familienaufgaben. Der Anteil der Teilzeitarbeit oder der Einkommen aus prekären Arbeitsverhältnissen ohne soziale Sicherungen bei Krankheit und Alter liegt bei den Frauen überproportional hoch. Frauen verlassen heute nicht mehr grundsätzlich die Berufswelt aus familiären Gründen, sondern wechseln in ungünstigere Tätigkeiten mit geringerem Einkommen, geringeren Aufstiegschancen und reduzierten Arbeitszeiten.

*

Seit Jahren arbeiten Politiker und Politikerinnen am Abbau der Benachteiligung in zentralen Bereichen: bei ungleichen Löhnen, ungleichen beruflichen Aufstiegsmöglichkeiten, einseitiger Belastung durch Familie und Sorgearbeit und unzureichender Alterssicherung von Frauen. Die Jüngeren, die heute in der politischen Arbeit aktiv sind, thematisieren die relativ stabilen Parteimitgliederzahlen und Wählerinnen der älteren Generation, machen aber auch auf das Fehlen der jüngeren

---

10 Vgl. auch Helga Lukoschat/Renate Köcher (2021): Parteikulturen und die politische Teilhabe von Frauen. Eine empirische Untersuchung mit Handlungsempfehlungen an die Parteien, <https://www.eaf-berlin.de/fileadmin/eaf/Publikationen/Parteikulturen_210x317_RZ-Hyperlinks-Ansicht_211028.pdf>.

Generation in Mandaten und Gremien aufmerksam. Auch hier fehlt Parität zwischen den Generationen. Jüngere Frauen insbesondere sind unterrepräsentiert.

Frauen haben bei Mandats- und Listenaufstellungen zu Kommunal-, Landtags- und Bundestagswahlen nicht die gleichen Chancen wie Männer. Auch bei der Entscheidung für die Direktmandate in den Wahlkreisen (1. Stimme) dominieren die Männer. Frauen sind, wenn überhaupt, sehr oft auf schlechten (Landes-)Listenplätzen vertreten.

Partei- und Wahlforschungsexperte Benjamin Höhne weist nach, dass jüngere Frauen sich in den Parteien überwiegend ehrenamtlich engagieren, und das in nicht geringerem Umfang als die Männer. Nach einer über 100-jährigen Geschichte politischer und gesellschaftlicher Rahmenbedingung, die der Gleichberechtigung im Wege stehen, kann das geringe Interesse an Frauenförderung in den Parteien und politisch relevanten Organisationen leider nicht verwundern.

Gerade junge Frauen haben sich durch ihr Engagement in der Bürgergesellschaft und im Gemeinwesen ein stärkeres Selbstwertgefühl erarbeitet. Sie wollen anerkannt werden, und zwar nicht als Quotenfrauen. Zur Erinnerung: Erst ab 1987 stieg der Frauenanteil im deutschen Parlament über zehn Prozent, dann weiter auf 36,5 Prozent bis zum 18. Bundestag 2013, um dann wieder auf 31,5 Prozent zu sinken in der letzten Legislatur. Aktuell liegt er bei 35 Prozent, obwohl wir Frauen über die Hälfte (51 Prozent) der bundesdeutschen Bevölkerung stellen. Berühmt ist das nicht, wenn auch relativ stabil über 30 Prozent.

*

Was haben uns diese Stabilisierung und schleppenden Prozentzuwächse eigentlich gebracht? Wenn ich es von dieser Seite zu betrachten versuche: Da ist an oberster Stelle die höhere, manchmal sogar hohe Qualifizierung, Bildung, Berufsausbildung und Berufsbeteiligung von Frauen zu nennen.

Dann ist da das Engagement der Frauen, die ihre gesellschaftliche Stellung durch die zweite emanzipatorische Frauenbewegung auch in politische Bahnen gelenkt haben. Schließlich, seit den 1980er-Jahren, die Diskussionen um die Quote und ihre spätere Überwindung durch Parität sowie der Umstand, dass die Fraktionen, die im Rahmen des Satzungsrechts verbindliche Quotenregelungen eingeführt haben, entscheidend zur Erhöhung des Frauenanteils beigetragen haben. Die unterschiedlichen Entscheidungen der Parteien in diesem Punkt sind transparent. Und sie geben Frauen Hinweise darauf, wo sie reale Chancen haben, sich in Mandaten, Ausschüssen und Gremien einzubringen.

Mir machen die gravierenden Unterschiede in Fragen der Gleichberechtigung zwischen den parteipolitischen Organisationen nicht nur Sorge – sie sind für mich ein Anlass, gesetzliche Reformen zu fordern. An erster Stelle eine Reform des Wahlrechts und der gesellschaftlichen Rahmenbedingungen von Familien- und Berufsarbeit, der Abbau von arbeitsrechtlicher und sozialer Ungleichheit, die beharrliche Förderung von Weiterbildung und beruflichem Aufstieg.

Gerade die Corona-Krise hat die erneuten, alten, krassen Benachteiligungen von Frauen aufgedeckt:
- die Ausweitung der Teilzeitarbeit von Frauen aufgrund der Vorrangigkeit der Pflege von Familie, Kindern, Kranken und Älteren,
- die noch immer ungleiche Behandlung und Vergütung von Frauen- und Männerarbeit,
- die politisch und demokratische verantwortungslos geringe Repräsentanz von Frauen und ihre geringen oder auch fehlenden Chancen zur Mitgestaltung,
- fehlende Alterssicherung (Altersarmut) und
- häusliche Gewalt.[11]

*

Von Parität sind wir noch weit entfernt. In- und außerhalb Europas ist Parität hingegen in einer wachsenden Zahl von Staaten und Gesellschaften kaum mehr umstritten, sondern wird lebhaft diskutiert und umzusetzen versucht. Wo das Nein zur Parität dominiert, drängt der Rückstand auf Antworten. Die alten, noch bestehenden Vorschläge zur langfristigen Steigerung von Frauenanteilen – sie bestehen seit mehr als 70 Jahren und sind von viel zu geringer Wirksamkeit. Daraus folgt für mich, dass die Veränderung durch Quoten immer noch als Zwang und Einschränkung männlicher Macht gedeutet wird, nicht als notwendige Gleichberechtigung und angemessene Repräsentanz. Die tatsächliche schlechte Lage der Frauen wird von vielen

---

11 Vgl. Jutta Allmendinger (2021). Es geht nur gemeinsam! Wie wir endlich Geschlechtergerechtigkeit erreichen. Berlin: Ullstein Taschenbuchverlag.

noch immer nicht als Folge von Benachteiligungen, sondern von unterschiedlichen Tatsachen angesehen.

Die vielen Projekte und Studien, die seit Jahren die breiten und gleichwertigen Fähigkeiten und Befähigungen bei Männern und Frauen nachweisen, sprechen demgegenüber eine andere Sprache. Wir müssen die politisch Verantwortlichen, die Entscheiderinnen und Entscheider dazu bringen, endlich die ganze menschliche Produktivität in allen Lebensbereichen kulturell, wirtschaftlich, technisch, sozial und digital zu mobilisieren und zu nutzen.

Wir können uns diese Ignoranz nicht länger leisten. Es geht um gesellschaftlichen Erhalt und um unser Überleben durch Umkehr- und Weiterentwicklung. Warum fällt es einem Teil der Männer noch immer so schwer, neue Muster der Teilhabe zu entwickeln? Ihr habt doch längst begonnen, Euch um Eure Kinder zu kümmern, Elternzeit, Windeln wickeln, Schulaufgaben – Ihr macht doch inzwischen vieles vom Baby- bis zum Erwachsenenalter des Nachwuchses, und viele von Euch empfinden dabei große Bereicherung und Freude. Der eingeschlagene Weg ist gut. Aber so lange das für Männer nicht ebenso normal ist wie für Frauen, solange Männer in Führungspositionen nicht genauso selbstverständlich Pflegezeiten einfordern und ohne Nachteile für die Karriere auch nehmen können – solange sind auch Frauen nicht wirklich gleichberechtigt, solang ist Parität keine Realität.

*

Die jüngsten Studien aus Wirtschaftsinstituten, wie zum Beispiel der Hans Böckler Stiftung, dem DIW oder der Bertelsmann-Stiftung, unterstreichen die Vorteile heterogener Teams gerade in kritischen Situationen des Arbeits- und Berufsalltags. Wir leben mit Chancen, Widersprüchen und Vernachlässigungen menschlicher Belange. Unser Leben vollzieht sich zwischen zwei widersprüchlichen Polen: zwischen einer technisch hochgradig veränderten und sich wandelnden Welt und alten Mustern der Rollenverteilung der Geschlechter – zwischen wiedergewonnenen Werten der Zugehörigkeit, Selbstbestimmung und Zusammengehörigkeit und überkommenen Formen der Bildungs- und Arbeitsorganisation. Diese komplexe Spannbreite kann Menschen überfordern. Da muss der Gesetzgeber handeln. Nicht zufällig nimmt derzeit die Notwendigkeit der Beratung, Information und Änderung der Rahmenbedingungen stark zu. Homeoffice ist nur eine Antwort. Sie erhöht die Flexibilität, aber zugleich die Belastung und Überlastung. Die Folgen sind häufig Reduktion der Erwerbsarbeit, geringere berufliche Aufstiegschancen und soziale Sicherung.

Gemeinsam schaffen wir es besser als gegeneinander. Dazu gehört das weibliche Geschlecht in seiner Vielfalt. Seit Jahrzehnten haben insbesondere rechtliche und gesellschaftliche Teilhabe, politische Lösungsvorschläge und Forderungen durch den Frauenrat, den Juristinnenbund, die Gewerkschaften und Frauenorganisationen aus Kultur, Kunst, Sport, Wirtschaft und Gesellschaft trotz dauerhafter Widerstände Veränderung eingeleitet.

Das paritätische Wahlrecht ist politisch gesehen die Konsequenz aus den ausgebliebenen Maßnahmen gegen die geringe Repräsentanz von Frauen in unseren Parlamenten in der Bundesrepublik Deutschland. Wir dürfen diesen Zustand nicht weiter fortzusetzen, sondern müssen dringend das tun, was in vielen anderen Staaten Europas bereits erfolgt ist, wenn auch in unterschiedlicher Form. In unseren Bundesländern hatte viele mit Spannung und großer Hoffnung auf die Urteile über die 2019 verabschiedeten Paritätsgesetze aus Thüringen und Brandenburg gewartet. Mit ihrer Ablehnung durch die jeweiligen Landesverfassungsgerichte im Sommer 2020 wurden auch die einzelnen Initiativen und Gesetzesentwürfe in Berlin, Sachsen, Niedersachsen, Nordrhein-Westfalen, Hamburg und anderen in die nächste Wahlperiode verschoben.

*

Im 20. Jahrhundert hat sich vieles verändert. In seiner letzten Hälfte und am Beginn des neuen Jahrtausends noch mehr. Entscheidendes wurde durch die Wissenschaft erreicht sowie durch neue philosophische, anthropologische, geschlechterbezogene, rechtliche und soziale Denkansätze. Wir Menschen sind vor allem in unseren individuellen Entwicklungsmöglichkeiten weitergekommen. Dabei stoßen wir auf neue Ungleichheiten zwischen Eliten und der breiten Wählerschaft, zwischen Geflüchteten und Einheimischen, zwischen *global* und *local*, ich und wir, Individuum und Gemeinschaft, Frauen und Männern. Wir brauchen Solidarität. Wir brauchen starke Individuen in starken Gemeinschaften in einer globalen denkenden und lokal handelnden Welt gleichberechtigter Menschen.

6
Fazit: Fünf Thesen zur Verwirklichung der Parität

Wir leben in einer Gesellschaft, in der eine männliche Dominanz zwar offiziell nicht mehr akzeptiert, aber in der Gesellschaft und auch privat eben doch noch immer praktiziert wird. Wie sich Frauen und Männer in unserer Gesellschaft zu verhalten haben, wie sie sein dürfen und wie sie ihr Leben gestalten können, ist trotz allen Wandels hin zu einer modernen und offenen Gesellschaft weiterhin von Rahmenbedingungen und Normen geprägt, die nicht mehr in unsere Zeit passen. Sozialer Wandel passiert nicht über Nacht, die Codes, nach denen wir uns verhalten und unsere Rollen im Alltag wahrnehmen, tragen sich über die Generationen hartnäckig weiter und können nur langsam verändert werden. Oftmals sind sie uns womöglich gar nicht bewusst. Wir alle sind geprägt von unserem sozialen Kontext und teilweise auch in diesem gefangen.

Wir leben zugleich in alten und neuen Welten mit immer schwerer zu vereinbarenden, widersprüchlichen Erwartungen – vorzeigbare Leistungen in Familien, berufliches Können und politische Beteiligung, ohne entsprechende politische Rahmenbedingungen.

Es gibt Nachholbedarf, nicht nur in der Klima-, Umwelt- und Energiepolitik. Unbestritten sind die Herausforderungen in der Bildung und Digitalisierung, im Engagement gegen Armut und Verarmung in unserer Gesellschaft. Jetzt sind massive Bildungsanstrengungen und Investitionen notwendig, damit mehr Chancengerechtigkeit erreicht wird.

Lernen und Zugewinn an Kompetenzen – das gilt heute von der frühen Kindheit bis ins hohe Alter. Lebenslanges Lernen für alle muss zu Programm und Praxis für alle werden: weibliche und männliche Jugendliche und Ältere. Alle müssen erfahren, dass sie mit ihrem Beitrag, ihren Ideen und Projekten unbedingt gebraucht werden. Das geht Arbeitgeber wie Arbeitnehmer, private und öffentliche Initiativen an. Wir können auf den Abbau der Widersprüche – zum Beispiel zwischen Familien- und Erwerbstätigkeit, verspäteter Konsensfindung zwischen familiengebundenen und öffentlichen Bildungs- und Betreuungszeiten, zwischen Erwerbs- und Familienzeiten – nicht mehr länger warten.

Der Wiederaufbau in Deutschland ist hart von unserer Eltern- und Großelterngeneration erarbeitet worden. Der für viele erreichte Wohlstand basierte auf der Zukunftshoffnung und Zuversicht, aus dem Verderben einer menschenverachtenden und zerstörerischen Diktatur doch noch wieder herauszukommen.

Wir brauchen uns gegenseitig und die Politik, um aus dem Dilemma aus Verunsicherung, Desorientierung und übertriebener Skepsis wieder herauszukommen. Die Weltlage ist außerordentlich schwierig. Dennoch: Schauen wir uns doch verstärkt die Menschen an, die trotzdem einander vertrauen und an Alternativen arbeiten. Dabei gilt für mich: Wenn es wieder gelingt, mehr Menschen mitzunehmen, an uns selbst ohne Überschätzung zu glauben – das gibt Durchhaltekraft.

Gefährlich sind die zerstörerischen Kräfte von Hass und Hetze, von Respekt- und Würdelosigkeit gegenüber den Verantwortlichen in Politik und Polizei. Das »Ich« ohne Rückbindung, ohne Verantwortung in der Gesellschaft, verachtet die Verbundenheit zwischen Individualität und Gemeinschaft, zwischen Eigen- und Gemeinschaftsinteressen und Verpflichtungen. Parität hat viel mit den zwischenmenschlichen Beziehungen zu tun.

Deshalb möchte ich an dieser Stelle die wichtigsten Konsequenzen in fünf Thesen zusammenfassen:

These 1

Über lange Zeiträume der Menschheitsgeschichte war Politik reine Männersache. Diese Zeiten sind – beginnend mit dem aktiven und passiven Wahlrecht für Frauen und Männer – vorbei.

Wir leben in Zeiten des Umbruchs mit neuen Ambivalenzen, verstärkter Achtsamkeit für Mensch und Natur, aber auch erschreckender Brutalität, die sich in Aggression und Gewalt ausdrückt. Was wir brauchen, ist Parität, mehr Partnerschaft zwischen männlicher und weiblicher Welt. Aufbruch, Umkehr, Erneuerung – nicht irgendwann, jetzt!

These 2

Die gesellschaftliche und politische Entwicklung dahin dauert zu lange. 1949 waren im Parlamentarischen Rat vier Frauen vertreten – aber 61 Männer. Von 1949 bis 1987 hat es gedauert, bis der Anteil der Frauen an den Mandaten im Bundestag zehn Prozent erstmals überstieg. Inzwischen sind es 34,9 Prozent Frauen, dieser Anteil stagniert erneut seit 1998 im Allgemeinen und ist sehr unterschiedlich bei den Parteien: 59 Prozent bei Bündnis 90/Die Grünen, 42 Prozent bei der SPD, 24 Prozent bei der CDU/CSU, FDP 24 Prozent, Die Linke 54 Prozent, AfD 13 Prozent.

These 3

Ein erster wichtiger Schritt zur Erhöhung des Frauenanteils wäre die Nutzung des Satzungsrechts von allen Fraktionen des Deutschen Bundestages. Das wurde bislang nicht ausgeschöpft, weil es scheinbar nicht gewollt war. SPD, Grüne und Linke haben dies bereits verwirklicht und stellen dementsprechend auch den höheren Frauenanteil. Die CDU/CSU will den Frauenanteil von 50 Prozent 2025 erreichen, hat bislang aber nur unverbindliches Quorum von 30 Prozent beschlossen.

These 4

Deshalb muss »Parität statt Quote« als politisches Ziel geschlossen, engagiert und kämpferisch in die Politik eingebracht und verwirklicht werden. Dazu gehören, im zweiten Schritt, gesetzliche Maßnahmen, die die Verfahren regeln und den höheren Bestand gewährleisten.

These 5

Der erste Schritt dazu ist eine Wahlrechtsreform. Eine Verfassungsreform scheint nicht notwendig. Veränderung ist möglich. Wir müssen sie angehen – jetzt.

Wir sehen, es ist wichtig, auf die Gründe der Verzögerung immer wieder hinzuweisen, die Gesellschaft wachzurütteln und somit den Staub, der sich auf die Diskussion über Gleichstellung gelegt hat, wegzuarbeiten. Die noch bestehenden Hürden gegen Parität in Deutschland sind weit weniger dramatisch als die, die wir vor Jahrzehnten und Jahrhunderten durchlebt und abgebaut haben. Das heißt aber nicht, dass wir jetzt die Hände in den Schoß legen können. Seit knapp 30 Jahren zeichnet sich das Ziel der Parität schon am Horizont ab. Anstatt jetzt noch einmal unsere Kräfte zu bündeln und an Energie und Tempo zuzulegen, wurden wir in den letzten Jahren nicht nur langsamer – wir sind stehengeblieben. Schlimmer noch: In manchen Bereichen gehen wir sogar rückwärts. Und trotzdem schafft es die Gleichstellung der Geschlechter nicht, sich Gehör zu verschaffen.

Die Rufe nach Parität sind zwar weiterhin da, aber sie dringen nicht in die öffentliche Debatte der breiten Gesellschaft durch. Andere Themen dominieren unseren Alltag, unsere Medien, unsere Politik. Dabei geht es hier um eines der grundlegendsten Ziele einer modernen Demokratie: Gleiches Recht für Alle! Wir dürfen uns nicht mit weniger als 100 Prozent zufriedengeben, nur weil wir schon viel erreicht haben. Die Gleichstellung zwischen den Geschlechtern ist in Deutschland schon weitergekommen, aber »erreicht« ist sie mit Sicherheit nicht. Wie Maria Böhmer 2015 schrieb: »Frauenpolitik – ein unfinished business«.

*

Die gesellschaftliche und politische Rolle der Frauen, die Rechte, die wir uns bereits erkämpft haben, und der Wandel, den wir bewirken konnten: Das alles hat sich sehr langsam entwickelt. Auch nicht primär aufgrund von Vernunft und Einsicht, sondern in der Regel aufgrund von politischem Druck seitens der Frauen, überparteilicher Netzwerke und parlamentarischer Kooperation. Solange wir in unserer jetzigen Situation noch immer eine »Minderheit« darstellen, im Parlament abhängig vom Frauenanteil in den Fraktionen, ist die Mitgestaltung äußerst begrenzt, der Einfluss in den Gremien gering. Parität ist weit mehr als eine Zahl, sie ist Ausdruck unseres Miteinander, unserer wechselseitigen Beziehungen und unseres Zusammenwirkens.

Wir dürfen uns also nicht zufriedengeben, uns nicht arrangieren, nicht aufhören, uns zu engagieren. Sonst geben wir der Kampf schon verloren. Es braucht den politischen Willen, Veränderungen durch erweiterte Rechtsgrundlagen zu realisieren. Ohne dies, so zeigt die Erfahrung aus Jahrhunderten, wird es nicht gehen.

Wir müssen weitermachen, weil die instabile, vor neuen Kriegsgefahren bedrückende Lage, der überlastete Planet, die verunsicherte und auch von äußerst schwierigen Lebenslagen überforderte Menschheit Hilfe und Ermutigung brauchen.

Ein Leben mit mehr Freiheit und politischer wie sozialer Sicherheit ist uns in demokratischen Staaten ermöglicht. Wissen wir bei allen Schwächen die Stärken von demokratischen Strukturen und Lebensweisen noch zu schätzen und zu verteidigen? Auf diese Wertschätzung und Verteidigung können wir nicht verzichten, wollen wir uns selbst nicht gefährden. Wir dürfen auch die aktuellen Gefährdungen nicht unterschätzen.

Die Bundesländer Thüringen und Brandenburg waren mit ihren paritätischen Initiativen nicht erfolgreich. Der Artikel 3 Absatz 2 des Grundgesetzes war nicht die zentrale Entscheidungsgrundlage, sondern die Unvereinbarkeit mit den Landesverfassungen.

Die bisher verfolgten Initiativen und Aktivitäten haben Teilerfolge erbracht, insbesondere den Ausbau der Beteiligung trotz erheblicher Widerstände verbessert. Entscheidend waren und bleiben Bildung, Wissens- und Handlungskompetenzen. Nicht hoch genug einzuschätzen sind der Zugang zu Forschung und Innovation, die Vernetzung sowie die Internationalisierung.[1]

Nach 100 Jahren Wahlrecht hat es zwar immer wieder neue Aufbrüche gegeben mit Zwischenerfolgen aber auch politische Rückfälle, Vertröstungen und Niederlagen. Das muss sich ändern.

Deshalb PÄRITÄT JETZT!

---

1 Benjamin Höhne und Svenja Samstag geben wichtige Anregungen aus der Sicht von Parlamentsforschern in: Blickpunkt Nr. 4 vom Juni 2021: So nah und doch so fern? Was nach dem (vorläufigen) Scheitern von Paritätsgesetzen getan werden kann.

Dank

Ich danke den Mitstreiterinnen und Mitstreitern für Parität und all jenen, die diese Schrift begleitet haben. Mein besonderer Dank gilt meiner Mitarbeiterin Margareta Schloten, die sich fortwährend mit Fragen zur Parität und den zu aktivierenden Frauen und Männern auseinandersetzt.